AF602936

MANUEL

DES

DÉCLARATIONS DE SUCCESSION

ET DES

DROITS DE MUTATION PAR DÉCÈS.

REVUE DE LA JURISPRUDENCE

1864-1865-1866.

OUVRAGES DU MÊME AUTEUR.

1° **Manuel des Déclarations de Succession et des droits de mutation par décès**, 1 vol. in-8°, 2e édition, Prix : 4 fr., *franco*.

2° **Des Ventes forcées d'immeubles en Belgique et en France**, avec pétition au Sénat pour la révision de la loi sur la saisie immobilière et le renvoi de ces ventes devant notaires. Brochure in-8°. Prix : 1 fr. 50, *franco*.

3° **Traité de la Purge hypothécaire**, ou Commentaire : 1° du chapitre 8 de la loi du 16 décembre 1851 (du mode de purger en Belgique les propriétés des priviléges et hypothèques ; 2° de la loi du 15 août 1854, sur l'expropriation forcée en Belgique, etc. 1 vol. in-8°. Prix : 5 fr., *franco*.

4° **Traité des Contraventions notariales** sur la loi organique du 25 ventôse an XI, etc. Deuxième édition, mise en concordance avec le *Journal des Notaires et des Avocats* et le *Dictionnaire du Notariat*, 4e édition, suivi du texte de l'organisation nouvelle du notariat en Belgique, en Prusse, en Hollande et dans le Grand-Duché de Luxembourg. 1 vol. in-8. Prix : 6 fr. 50 c., *franco*.

5° **Études sur la Législation fiscale**. — Modifications proposées : 1° Exemption de tout droit de mutation par décès, en ligne directe, pour les successions pauvres au-dessous de 500 fr. (Pétition au Sénat, V. *Moniteur* du 15 février 1864) ; 2° Extension du droit d'affichage. Brochure grand in-12. Prix : 1 fr., *franco*.

6° **Guide pratique des droits de mutation par décès**, ou notions élémentaires sur les transmissions de biens, meubles et immeubles, qui s'opèrent par décès. Brochure grand in-12. Prix : 1 fr. 25 c. *franco*.

SOUS PRESSE

POUR PARAITRE PROCHAINEMENT

MANUEL DES TESTAMENTS

PAR ACTE PUBLIC, OLOGRAPHE ET MYSTIQUE, ET TESTAMENT FAIT PAR UN FRANÇAIS EN PAYS ÉTRANGER,

avec un grand choix de formules d'actes empruntées aux ouvrages les mieux recommandés.

1 vol. in-8°. — Prix : 8 francs, *franco*.

N. B. Un avantage particulier est offert à toute personne qui souscrira avant la mise en vente de l'ouvrage ; pour ces souscripteurs, le prix est réduit à 5 fr. au lieu de 8 (payable seulement au moment de la remise du livre et RIEN D'AVANCE).

Paris. — Imp. de E. Donnaud, rue Cassette, 9.

MANUEL

DES

DÉCLARATIONS DE SUCCESSION

ET DES

DROITS DE MUTATION PAR DÉCÈS

CONTENANT

LE RÉSUMÉ DES DÉCISIONS ADMINISTRATIVES ET JUDICIAIRES
RENDUES JUSQU'A CE JOUR

PAR

M. B. MOLINEAU

Ancien notaire.
Auteur de publications sur le notariat et l'enregistrement.

SUPPLÉMENT A LA DEUXIÈME ÉDITION.

PARIS
A L'ADMINISTRATION DU JOURNAL DES NOTAIRES ET DES AVOCATS
RUE DES SAINTS-PÈRES, 52,
ET CHEZ L'AUTEUR, RUE DU FOUR-SAINT-GERMAIN, 15.

1866

A LA MÉMOIRE

DE

M. NICIAS-GAILLARD

ancien Président de la Chambre des Requêtes à la Cour de Cassation.

A L'EMINENT MAGISTRAT

dont « la vie, pleine de services rendus à la Justice et à la Science » du droit, fournit à chaque pas l'utile enseignement que donne » le spectacle de la persévérance infatigable dans le travail et » dans le bien (1). »

Un respectueux et reconnaissant souvenir.

MOLINEAU,
ancien notaire.

(1) Notice biographique par M. Paul Fabre, avocat général à la Cour de Cassation, p. 1re.

AVANT-PROPOS.

Le fait seul de l'ouverture d'une succession donne lieu à l'impôt du droit de mutation par décès, et l'héritier, le légataire ou le donataire, doit passer la déclaration des biens dans les délais fixés et acquitter les droits exigibles. Aussitôt, donc, qu'une succession s'ouvre, ceux qui sont appelés à la recueillir, soit par une disposition de dernière volonté, soit dans l'ordre établi par la loi, sont tenus d'en faire la déclaration à l'administration de l'enregistrement et d'en acquitter les droits sur l'évaluation par eux donnée des biens qui en dépendent.

Bien peu de personnes paraissent connaître les formalités à remplir pour satisfaire aux prescriptions de la loi.

Pénétré de cette pensée qu'une publication spéciale qui réunirait, sous une forme facile à consulter, tous les documents se rattachant à ces formalités de la déclaration de succession serait favorablement accueillie du public, nous avons comblé cette lacune en publiant un *Manuel des déclarations de succession et des droits de mutation par décès*.

Nos prévisions étaient justes, le besoin d'une publication de ce genre était depuis longtemps généralement reconnu; aussi, une première édition de ce *Manuel* a été promptement épuisée. Nous en avons élaboré et publié une deuxième entièrement refondue et considérablement augmentée.

Afin de rendre plus utile pour MM. les notaires cette édition, elle a été mise en concordance avec le *Dictionnaire du notariat* (4e édition); avec la collection du *Journal des notaires et des avocats* (fondé en 1808), complément périodique du *Dictionnaire du notariat;* avec le *Répertoire de la jurisprudence du notariat* de M. Rolland de Villargues, le *Journal de la jurisprudence du notariat*, recueil mensuel publié depuis 1844, formant la suite et le complément périodique de ce répertoire; avec le *Répertoire général* ou le *Dictionnaire de l'enregistrement* de M. Garnier et le *Répertoire périodique* faisant suite au *Répertoire général;* enfin avec le *Répertoire général de jurisprudence* de M. Dalloz.

Cette nouvelle édition, en ce moment en cours d'exétion, reçoit le même accueil. Mais depuis sa mise en vente, c'est-à-dire depuis moins de deux années, des questions fort graves ont été résolues, des décisions fort importantes ont été rendues par la Cour suprême sur cette matière si délicate des droits de mutation par décès.

Pour compléter le *Manuel des déclarations de succession* il devenait nécessaire d'y joindre le résumé de toutes les solutions nouvelles rendues jusqu'au 1er novembre 1866, et de profiter de cette circonstance pour rappeler les décisions antérieures qui auraient pu être omises dans les deux éditions parues.

C'est ce travail supplémentaire que nous venons avec confiance présenter à nos lecteurs. Ainsi augmenté et agencé le *Manuel des déclarations de succession* ne s'adresse pas seulement aux gens d'affaires, mais aussi à toutes les personnes appelées à une succession, à tous ceux, par conséquent, qui sont obligés de faire une déclaration de succession. Ce *Manuel* contient tous les éléments nécessaires pour les formalités à remplir.

Pour aider l'État dans la rentrée de l'impôt des droits de mutation par décès, le législateur a recours à l'intermédiaire des autorités communales. Dans toutes les communes de l'Empire, ces autorités ont mission de transmettre les notices de décès arrivés dans leurs communes aux receveurs de l'enregistrement chargés de la perception de cet impôt. Comme ces autorités communales, surtout dans les communes rurales, sont à même de connaître la position réelle de leurs administrés, la loi leur confère, en même temps, le droit d'accorder d'office *aux indigents* un certificat au moyen duquel ces redevables malheureux sont affranchis de tout droit de mutation par décès.

L'expérience démontre qu'en dehors de ces successions *des indigents*, plus d'un dixième des déclarations de succession se font sans la formalité de l'inventaire, c'est-à-dire simplement sur la production d'un état estimatif. Dans de telles occurrences, les autorités communales sont d'un bien puissant secours vis-à-vis des héritiers tenus de faire une déclaration, quelque minime que soit une succession, en les aidant dans l'accomplissement d'une formalité fort simple mais généralement peu connue. Car, dans les campagnes, combien de fois n'arrive-t-il pas que sur le reçu de l'avertissement transmis par les receveurs aux héritiers d'aller acquitter l'impôt dans le délai prescrit, les héritiers ou redevables, ne sachant pas quelles sont les formalités à remplir, se bornent à se présenter au bureau, souvent fort éloigné, de MM. les receveurs pour payer ce qu'ils appellent le droit de *mainmorte,* munis seulement de l'avertissement en question et sans autres documents à l'appui. De là refus de la part des préposés du Trésor d'accepter une déclaration sans la production d'un état estimatif sur *papier timbré;* de là des pertes de temps toujours fort regrettables, et, par conséquent, des frais bien inutiles.

On sait quel zèle MM. les instituteurs communaux apportent dans leurs fonctions pour seconder les constants efforts du gouvernement de l'Empereur, qui sous le règne du suffrage universel cherche par tous moyens possibles à répandre de plus en plus l'instruction dans toutes les parties de l'Empire. Dans un grand nombre de communes rurales ces instituteurs sont en même temps secrétaires des mairies. Or, les maires des campagnes sont fréquemment consultés par les familles assujetties à une déclaration de succession, pour les formalités à remplir. Dans ces circonstances, les instituteurs nous semblent appelés à devenir un intermédiaire fort utile pour l'impôt des droits de mutation par décès, dès le moment qu'ils seront à même de connaître, et, par suite, de répandre parmi les populations des campagnes les notions élémentaires sur les transmissions de biens meubles et immeubles qui s'opèrent par décès, notions résumées dans le *Manuel des déclarations de succession* et le *Guide pratique des droits de mutation par décès* qui est l'abrégé de ce *Manuel.*

En raison de leur utilité et de la modicité du prix, il est permis d'espérer que ces ouvrages pourront trouver place dans les bibliothèques les plus modestes. C'est ce motif qui nous a porté à leur donner le titre de BIBLIOTHÈQUE COMMUNALE.

En dédiant notre *Manuel des déclarations de succession* ainsi modifié et augmenté à la mémoire de l'ancien président de la chambre des requêtes à la Cour de cassation, dont la perte récente sera longtemps encore vivement sentie, nous éprouvons le besoin d'expliquer en quelques mots les motifs qui nous ont porté à faire cette dédicace.

M. le président Nicias-Gaillard voulait bien nous honorer de sa bienveillance et de son estime. Dans un entretien qui a précédé sa mort de quelques semaines seulement, l'éminent magistrat exprimait le désir de faire un article sur la deuxième édition; mais chez lui déjà le mal faisait de rapides progrès ; ses forces s'épuisaient chaque jour davantage et peu de temps après il nous écrivait cette lettre touchante dans laquelle il dit : « *Vous avez pu voir que ma santé était loin*
» *d'être bonne. J'aime toujours autant le travail, mais*
» *il s'en faut bien que je puisse m'y appliquer comme*
» *autrefois.* » C'était là comme le pressentiment d'une fin prochaine ; moins de deux mois après le président tant regretté rendait le dernier soupir. Aussi, nous conservons toujours pour sa mémoire un respectueux et reconnaissant souvenir et nous sommes heureux de posséder les deux lettres que voici :

« Paris, le 5 février 1865.

» Monsieur,

» Je vous remercie des deux nouvelles publications dont
» vous avez bien voulu m'adresser un exemplaire.

» Vous m'exprimez le désir d'avoir avec moi un entretien;
» je m'y prêterai très-volontiers. J'attendais de vous avoir lu;
» mais le temps m'ayant manqué jusqu'ici, je ne veux pas
» du moins me donner le tort d'une impolitesse, en retardant
» plus encore ma réponse. Je serai chez moi mardi soir à 4 heures
» et demie; j'aurai du plaisir à vous recevoir.

» Agréez, Monsieur, l'assurance de mes sentiments très-
« distingués.

» NICIAS-GAILLARD. »

«Paris, 14 février 1865

» Monsieur,

» Je vous renvoie le numéro que vous avez bien voulu me » communiquer du *Journal du notariat*. J'y ai lu avec intérêt » le compte rendu de votre *Manuel des déclarations de succes-* » *sion.*

» Je vous renouvelle le désir que les renseignements que je » vous ai donnés puissent vous être utiles. Quant à l'article » que vous espérez de moi, il me serait assurément agréable de » pouvoir vous le donner; mais vous avez pu voir que ma santé » était loin d'être bonne. *J'aime toujours autant le travail;* » *mais il s'en faut bien que je puisse m'y appliquer comme* » *autrefois.* Veuillez donc ne pas trop attendre, sous ce rapport, » de mon désir de vous être utile; d'autres pourront mieux » faire; je l'espère bien.

» Recevez, Monsieur, l'assurance de ma considération très- » distinguée.

» NICIAS-GAILLARD. »

Si M. Nicias-Gaillard eût vécu notre gratitude pour sa bienveillance, ses bons conseils et ses encouragements ne lui aurait assurément jamais fait défaut et peut-être eût-il bien voulu nous faire l'honneur d'accepter cette dédicace. Il n'est plus, notre reconnaissance est heureuse de payer ce témoignage public de respectueux et affectueux souvenir à sa mémoire.

Dans ces circonstances, nous croyons faire chose agréable à nos lecteurs en mettant sous leurs yeux l'extrait du discours prononcé par M. le premier avocat général de Raynal à la rentrée de la Cour de cassation à l'audience solennelle du 3 novembre 1865, que nous empruntons au Journal *le Droit* (n° du 4).

.... « Il me reste à vous parler, Messieurs, dé l'éminent magistrat que la Cour a eu le malheur de perdre il y a quelques mois, et qui tenait une telle place dans son sein que lorsqu'il a subitement disparu, elle a senti qu'il se faisait en elle un grand vide. Déjà un éloquent et sympathique hommage a été rendu à sa mémoire par un de nos plus chers collègues (1); il a heureusement exprimé ce que nous pensons tous, et je renoncerais à le dire après lui, si un devoir impérieux et mes sentiments personnels ne me commandaient de braver une telle comparaison.

» M. le président Nicias-Gaillard était le plus jeune de tous les magistrats que nous avons perdus cette année ; il était né à Parthenay (Deux-Sèvres) le 11 juillet 1804; il est mort à Paris le 9 avril 1865. Carrière relativement bien courte, mais agrandie par le travail, illustrée par le caractère, la science et le talent.

» La Cour me croira aisément, si je lui dis que dans cette vie si pleine d'unité, tout a dû se ressembler depuis son début jusqu'à son terme, et que dans les épreuves qui devaient préparer son avenir, le jeune Nicias-Gaillard s'est montré au collége de Parthenay et à Poitiers, comme à l'école de droit de cette dernière ville, un écolier et un étudiant accompli.

» Entré à vingt ans au barreau de Poitiers, il s'y fit bientôt remarquer et ne tarda pas à y conquérir une situation qui lui ouvrait, comme avocat, les plus belles perspectives. En 1832, il fut appelé à répondre, devant la Cour d'assises de la Vienne, à une grave accusation politique, dénoûment d'une tentative imprudente qui avait fini comme une aventure, après avoir commencé comme une guerre civile. Le procureur général, M. Gilbert Boucher, conçut une telle estime pour ce jeune talent qu'il voulut le donner à la magistrature. M. Nicias-

---

(1) *Le président Nicias-Gaillard*, notice par M. Paul Fabre, avocat général à la Cour de cassation. In-8°, Paris, imprimerie de Cosse et Dumaine, 1865.

Gaillard hésita ; le barreau avait pour lui de vives séductions; mais enfin la gravité même de son caractère, une science déjà profonde, l'autorité qui déjà s'attachai à sa parole lui faisaient une vocation qu'il ne pouvait méconnaître. Il fut nommé, le 5 octobre 1833, avocat général à Poitiers, à la place d'un autre grand magistrat, contre lequel il venait de lutter dans l'affaire de la Vendée, M. Mesnard, qui, partout où il a passé, a laissé le souvenir d'une rare éloquence, d'une prodigieuse sagacité, d'une vigueur intellectuelle et morale dont on s'étonnait dans une constitution si frêle.

» Bientôt premier avocat général, grâce au bénéfice de l'ancienneté, et par là même initié de plus près et mieux préparé aux fonctions de procureur général avant d'en avoir le titre, M. Nicias-Gaillard fut appelé, le 29 mars 1841, à la direction du Parquet de Metz, et quelques mois après, le 10 juillet, à un poste plus important, le Parquet d'une grande ville du Midi, Toulouse, où de récents désordres avaient laissé de sourdes agitations dans les esprits et imposaient au nouveau procureur général des devoirs d'un ordre exceptionnel. Son choix était fait à l'avance, il l'avait dit dans son discours d'installation à Metz, « entre la haine que » s'attire la fermeté et le mépris que s'attire la fai- » blesse » . Il sut obtenir l'estime et échapper à la haine; son énergie n'eut d'égale que sa modération, et quand il quitta Toulouse, au mois de juillet 1846, pour venir occuper à la Cour de cassation le poste d'avocat général, il y fut sincèrement regretté; car il avait largement concouru à une pacification où la justice avait rempli un rôle digne d'elle.

» Quel qu'eût été jusque-là dans ses fonctions diverses le succès de M. Nicias-Gaillard, on peut dire que c'était à la Cour de cassation qu'il allait enfin donner toute sa mesure et acquérir ses plus beaux titres à la juste renommée qui entoure son nom. Il se livra en effet tout entier à ses hautes fonctions ; et depuis son entrée dans la Compagnie, il lui a appartenu sans réserve, cœur et intelligence. Il fut attaché d'abord à la chambre criminelle ; en 1848, il entra à la chambre civile, où il reçut, en 1849, le titre de premier avocat général, et qu'il n'a plus quitté qu'au mois de juillet 1856, pour occuper la présidence de la chambre des requêtes, devenue vacante par la démission volontaire de M. Mesnard ; il remplaçait ainsi, au terme de sa carrière, le magistrat auquel il avait succédé en la commençant. C'est dans l'exercice même de ces dernières fonctions, dans la plénitude de la vie intellectuelle, dans la maturité de la science et du talent, que la mort est venue le frapper, après une lutte de plusieurs années contre les plus cruelles souffrances. Nous assistions avec de sérieuses inquiétudes à ce combat incessant d'une volonté forte contre les continuels progrès de la maladie, et nous espérions le voir se prolonger longtemps encore. Hélas ! il eût mieux valu peut-être qu'il eût pactisé avec le mal et lui eût fait une concession de plus longs intervalles de repos. Nous venions d'apprendre que dans une délibération de la chambre des requêtes, il avait parlé sur une question particulièrement délicate, avec la supériorité de ses meilleurs jours, et nous apprenions presque en même temps qu'il n'était plus. Il avait succombé sans qu'on soupçonnât le danger ; mais il le comprit enfin ; il put faire ses adieux à cette femme si dévouée et si fière de porter son nom, et à laquelle une si grande douleur ne devait pas épargner, hélas ! une douleur nouvelle (1)

(1) Une des filles de M. le Président Nicias-Gaillard, Mme Dubard, venait de succomber dans le cours de l'épidémie qui a ravagé Toulon

à ces enfants si chers qui allaient faire une irréparable perte : et pour répéter ce qu'il disait lui-même, en parlant devant vous d'un de vos plus vénérables collègues, M. Byron : « Il est mort comme il avait » vécu, en fervent chrétien; car il ne voyait à la morale » de fondement assuré que dans la religion, et il savait » bien que l'homme qui n'a pour soutien que sa propre » faiblesse, s'appuie sur un roseau à demi brisé. »

» Il avait été nommé, le 15 juin 1856, commandeur de la Légion d'honneur; il faisait depuis plusieurs années partie du Conseil général de la Vienne.

» Des vingt années si pleines pendant lesquelles il nous a appartenu, par une sorte d'égal partage entre les deux attributions qui nous sont dévolues, il en a passé dix comme avocat général et presque dix autres comme président de la chambre des requêtes. Il a été ainsi à même de se montrer également supérieur dans ses fonctions qui, avec de frappantes analogies, ont de réelles différences, qui demandent des aptitudes identiques et en exigent aussi de spéciales.

» Avec quelle connaissance précise de tous les principes, si grande que l'École aurait pu l'envier à la magistrature; avec quelle force de logique et quelle exactitude de méthode, avec quelle gravité et quelle ampleur de langage M. Nicias-Gaillard exprimait, comme avocat général, son opinion devant la Cour, elle le sait mieux que moi, et mes paroles resteraient toujours au-dessous de ses souvenirs. Il y a des esprits éminents qui se laissent volontiers emporter vers les hauteurs des considérations générales et qui, retombés dans les

---

où la retenaient les fonctions, courageusement exercées, de son mari, alors procureur impérial dans cette ville, aujourd'hui juge au tribunal civil de la Seine.

problèmes souvent ardus de la pratique, les trouvent vulgaires et les dédaignent. M. Nicias-Gaillard n'a jamais rien dédaigné. Toujours prêt à s'élever dans la région des principes purs, l'aimant et s'y trouvant à l'aise, demandant toujours à la loi sa raison supérieure, il étudiait avec un soin égal une question de procédure ou de délais; c'est que pour lui la justice et la loi étaient une synthèse dont tous les points se touchent et se soutiennent, et que laisser des solutions contestables se glisser dans la moindre partie de l'ensemble, c'est imiter l'architecte qui compromet la solidité de l'édifice en ne contrôlant pas chacune des pierres qui le composent. C'est à vous à dire, Messieurs, si après qu'il avait parlé, vos consciences n'étaient pas plus tranquilles, votre religion plus éclairée, vos doutes bien près de se résoudre, et si l'on pouvait surprendre une lacune dans le tissu d'une discussion à laquelle le juge le plus sévère n'aurait pu reprocher parfois que l'excès de la richesse.

» La présidence de la chambre des requêtes impose d'autres devoirs, et j'oserai dire que nulle fonction n'est plus difficile parmi toutes celles qui vous sont départies, car nulle n'exige plus de travaux avant l'audience, et à l'audience même, une plus grande dépense d'attention constante, de sagacité toujours en éveil, de doctrine toujours prête, une connaissance plus présente et plus sûre de l'état de la jurisprudence sur toutes les questions. C'est la mission qu'ont remplie avec des qualités éminentes et diverses Henrion de Pensey, Favard de Langlade, Zangiacomi, Lasagni, Mesnard, glorieuse série de noms dont s'honore une institution comme la vôtre, mais qui rend bien lourd le fardeau imposé à leurs successeurs. M. Nicias-Gaillard l'a porté sans fléchir. Il lui donnait tout son temps et toute sa force; il n'arrivait jamais à l'audience qu'après avoir étudié toutes les affaires, mais gardant avec soin la liberté d'une intelligence toujours prête à acceuillir la vérité; il écoutait tout avec recueillement; il prenait une grande part aux délibérations; mais c'était surtout dans la prononciation des arrêts qu'il marquait avec évidence une supériorité qui, reconnue dès le début, n'avait fait que s'accroître avec le temps. Jamais la question n'y était éludée; toujours abordée de front, elle était résolue par le motif vrai; la forme même en était irréprochable par le cadre et par le style; car c'était un de ses dons les plus saillants que la parole improvisée naissait chez lui correcte, élégante, périodique, comme si elle eût été le résultat d'une méditation patiente.

» Toute cette existence vouée à l'étude, elle s'est presque uniquement prodiguée au profit de la justice; et M. Nicias-Gaillard la servait encore, quand il déposait dans plusieurs revues des essais sur d'importantes questions de droit ou quand il résumait pour les recueils judiciaires les conclusions qu'il avait prononcées devant la Cour. Il a fait, en outre, d'heureuses excursions dans le domaine de l'archéologie et de l'histoire, et les exigences de sa vie publique lui ont inspiré plusieurs travaux remarquables : c'est ainsi qu'à part ses discours d'installation, il a parlé en 1838 à Poitiers du *ministère public*, en 1841, à Toulouse, *de l'ordre*, enfin en 1855, devant la Cour même, *de la part prise par le premier consul à la rédaction du Code civil*, fragment remarquable de notre histoire juridique qui a survécu à l'occasion d'où il était né. Mais sauf un traité auquel il n'a pas même donné la dernière main sur *les contraventions de simple police*, cette raison si ferme et si haute, cette intelligence formée aux meilleures traditions littéraires et cette incomparable puissance de travail ne se seront pas traduites en un de ces ouvrages qui restent comme le résumé et le monument d'une vie tout entière.

» Avons-nous besoin d'ajouter que chez lui le caractere était au niveau du talent? Qui n'était frappé, en le voyant au palais, dans le monde, dans cet intérieur si digne et si simple à la fois, de cette gravité qui se conciliait avec la plus bienveillante courtoisie, de ce respect scrupuleux de toutes les convenances, de cette sorte de candeur morale qui se montrait dans sa personne et son langage; de cette ardeur pour l'étude, enfin sa seule passion, qui ne trouvait de diversions que dans les joies vivement appréciées de la famille, dans le commerce de ses collègues et de ses amis, dans des lectures choisies, et qui a peut-être abrégé ses jours ?

» M. Nicias-Gaillard, en un mot, nous laissera à tous un grand souvenir et comme une image rajeunie, et aimable dans sa sévérité même, de ces magistrats des vieux âges dont la vie pure, austère et utile peut encore être citée comme un bonheur pour les compagnies, comme un exemple pour ceux qui leur survivent ou leur succèdent..»

M. Paul Fabre, avocat général à la Cour de cassation, a publié dans le *Journal du notariat* des 15, 19 et 22 juillet 1865, une notice biographique sur M. le président Nicias-Gaillard. Le journal *le Droit* apprécie cette publication en ces termes : « Nous avons lu cette notice » avec intérêt; nous y avons retrouvé les qualités de » style, la finesse et l'exactitude des appréciations que » tout le monde a déjà remarquées dans le discours pro- » noncé par M. l'avocat général Fabre, à l'ouverture des » audiences de la Cour de cassation. Ce n'est pas seule- » ment le talent de l'écrivain qui est remarquable, » c'est aussi et surtout l'émotion du biographe, dont » le cœur a dicté les pages dans lesquelles il ra-

» conte la vie, les travaux, les vertus du magistrat émi-
» nent entre tous. Pour parler de M. Nicias-Gaillard,
» pour retracer fidèlement les proportions de cette
» grande figure parlementaire, ainsi que l'a fait M. Paul
» Fabre, il faut plus que du talent, il faut être initié
» par l'intelligence et par le cœur aux nobles inspira-
» tions qu'il est donné à quelques-uns seulement de
» comprendre et d'exprimer. » (*Journal du notariat*, n° du 26 juillet 1865.)

MANUEL

DES

DÉCLARATIONS DE SUCCESSION

ET DES

DROITS DE MUTATION PAR DÉCÈS.

REVUE DE LA JURISPRUDENCE

1864-1865-1866.

INDICATION SOMMAIRE.

ACTION DE LA RÉGIE SUR LES BIENS DE LA SUCCESSION. — Cette action est restreinte aux revenus et ne peut affecter les biens de la succession (1 à 6).

AMEUBLISSEMENT. — L'immeuble ameubli faisant partie de la communauté doit être compris pour moitié dans la déclaration de succession de chaque époux (6).

ASSURANCE SUR LA VIE. — Le tiers qui recueille le profit de l'assurance ne doit aucun droit de mutation par décès. Le capital assuré ne forme pas une valeur de la succession (7).

BAIL VERBAL. — Il ne fait pas obstacle à la demande d'expertise formée par l'administration de l'enregistrement (7 *bis*).

BAIL COURANT. — Le prix du bail se compose de tout ce qui est payé au propriétaire ou à sa décharge : primes d'assurances des bâtiments; charrois, etc. (9).

BAIL COURANT NON EXÉCUTÉ. — Le bail courant au jour du décès doit servir de base à la déclaration, lors même qu'il n'aurait pas été exécuté par le preneur (8).

BÉNÉFICE D'INVENTAIRE. — FAILLITE. — Les héritiers bénéficiaires sont personnellement tenus des droits de succession. Le dessaisissement produit par la faillite ne dépouille pas le failli de la propriété de ses biens (10).

BIENS RENTRÉS DANS L'HÉRÉDITÉ. — Lorsqu'un immeuble rentre dans la succession, les héritiers sont tenus de passer une déclaration supplémentaire (11).

BIENS VENDUS PAR LE DÉFUNT VERBALEMENT. — PROMESSE DE VENTE RECONNUE SEULEMENT APRÈS LE DÉCÈS. — Dans de pareils cas, l'administration n'est pas fondée à réclamer le droit de mutation (12, 13, 15).

CAUTIONNEMENT DES OFFICIERS PUBLICS ET MINISTÉRIELS, DES COMPTABLES PUBLICS, etc. — BAILLEUR DE FONDS. — Le cautionnement inscrit au Trésor avec privilége de second ordre au profit du bailleur de fonds, reste néanmoins la propriété du titulaire et doit être compris dans la déclaration de succession (16).

COLONIES. — CRÉANCE DUE A UN MÉTROPOLITAIN. — Les colonies faisant partie intégrante de l'empire, les créances dues par un colon à un métropolitain doivent être déclarées en France au bureau du domicile de ce dernier (14).

CONSTRUCTIONS ÉLEVÉES PAR LE FERMIER SUR LE TERRAIN LOUÉ. — Ce sont des immeubles qui doivent être compris dans la déclaration de succession (17).

CONTRAINTE DE LA RÉGIE AFIN D'AVOIR PAYEMENT DES DROITS DE MUTATION. — ÉVALUATION PROVISOIRE A DÉFAUT D'ÉVALUATION PAR LA PARTIE. — L'héritier contre qui a été décernée une contrainte afin de payement des droits de mutation, n'est pas recevable à critiquer les évaluations provisoires de la contrainte tant qu'il n'a pas fait lui-même la déclaration prescrite par la loi (18).

CRÉANCE. — OMISSION. — PREUVE. — C'est à la Régie à prouver que la créance omise existait encore au décès et qu'elle aurait dû être comprise dans la déclaration de succession (19, 20, 21, 22).

CRÉANCE. — ACTIONS INDUSTRIELLES. — La preuve de l'omission de pareilles valeurs peut résulter des registres de la compagnie mentionnant que les actions omises ont été transférées par suite de partage aux héritiers du défunt (23).

CRÉANCE DOUTEUSE. — Le droit de mutation par décès doit être payé d'après le chiffre du capital et non d'après la déclaration estimative (24).

CRÉANCE EN PARTIE IRRECOUVRABLE. — Les droits payés sur les créances comprises dans une déclaration de succession ne sont pas restituables pour celles des créances qui n'ont été recouvrées qu'en partie (25, 26).

DROITS ACQUITTÉS PAR UN ASCENDANT. — PARTIE DE LA MÊME SUCCESSION ÉCHUE A DES COLLATÉRAUX. — Ces derniers doivent acquitter les droits sur la part qu'ils recueillent, mais toutefois sous déduction de ceux payés par l'ascendant sur la même partie de biens (27).

ÉTRANGER. — DOMICILE EN FRANCE. — VALEURS MOBILIÈRES. — Les héritiers d'un étranger décédé en France et qui s'y était fixé sans esprit de retour, doivent les droits de mutation sur les valeurs par eux recueillies en France dans sa succession (28).

HÉRITIER BÉNÉFICIAIRE. — Il n'est pas fondé à retenir le montant des droits de mutation par décès sur les valeurs de la succession (29).

HÉRITIERS ÉVINCÉS PAR D'AUTRES. — Les droits de mutation payés par des collatéraux qui se croyaient seuls héritiers, mais qui plus tard ont été évincés, ne sont pas restituables (30).

HUISSIER. — OFFRES RÉELLES. — Le mandat donné à un huissier de faire au receveur de l'enregistrement des offres réelles pour le montant des droits de succession ne comprend pas le mandat de faire cette même déclaration et de la signer (31).

INTÉRÊTS MORATOIRES. — La Régie ne peut être condamnée à payer des intérêts pour restitution de droits indûment perçus (32, 33).

INVENTAIRE. — VENTE DE MEUBLES. — La valeur déclarée à la Régie par les héritiers doit servir de base au calcul du droit de mutation à percevoir sur les biens meubles de la succession (34, 35).

LEGS DE RESIDUO. — Les héritiers du donateur qui, après le décès d'un légataire universel, recueillent les biens dont celui-ci n'a pas disposé, sont tenus d'acquitter un nouveau droit sur les biens qu'ils recueillent (37).

LEGS UNIVERSEL. — MARI. — COMMUNAUTÉ. — RENONCIATION. — Le mari légataire universel de sa femme ne peut, du chef de cette dernière, renoncer à la communauté pour s'affranchir des droits de mutation par décès (38).

LEGS UNIVERSEL D'USUFRUIT. — RENONCIATION. — Celui qui a pris la qualité de légataire ne peut y renoncer pour s'affranchir des droits (39).

LEGS PARTICULIER D'UNE SOMME D'ARGENT PAYABLE UN AN SEULEMENT APRÈS LE DÉCÈS DU LÉGATAIRE UNIVERSEL. — Dans un pareil cas, il n'y a pas lieu de déduire cette somme de l'actif de la succession (45).

LEGS. — SURVIE DE LA FEMME LÉGATAIRE UNIVERSELLE DE SON MARI AVEC DISPOSITION QU'UNE SOMME DÉTERMINÉE SERA PRISE SUR LA COMMUNAUTÉ POUR ÊTRE DISTRIBUÉE ENTRE LES DIVERS PARENTS DU MARI. — Cette somme ne doit pas être déduite des valeurs de la succession de cette dernière (46).

LEGS DE SOMMES D'ARGENT PAYABLES SANS INTÉRÊTS AU DÉCÈS DU LÉGATAIRE UNIVERSEL. — Si celui-ci vient à décéder avant le payement des legs, il y a lieu d'en déduire le montant des valeurs de sa succession (41, 42, 43, 44).

LEGS D'USUFRUIT. — PLEINE PROPRIÉTÉ REVENANT AUX HÉRITIERS SI L'USUFRUITIER DÉCÈDE AVANT SA MAJORITÉ. — Le cas venant à se réaliser, ces héritiers sont tenus de comprendre cette nue propriété dans la déclaration de succession (47).

LEGS PARTICULIERS DE SOMMES. — CESSION DE DROITS SUCCESSIFS. — PRÉDÉCÈS DE L'HÉRITIER OU LÉGATAIRE UNIVERSEL AVANT LE PAYEMENT des legs. — Dans ce cas, les mêmes principes sont applicables à la succession de celui qui a cédé tous ses droits successifs. Il y a lieu d'en déduire le montant des valeurs de la succession (49).

Legs universel. — Payement des droits sur toutes les valeurs de la succession. — Indépendamment des droits payés par le légataire universel, les légataires particuliers doivent un supplément de droit à raison de leur degré de parenté avec le défunt (50).

Legs par une femme dotale aux créanciers de son mari. — De pareilles dispositions sont de véritables libéralités passibles du droit de mutation (36).

Legs d'une rente viagère avec la condition qu'elle sera servie par le légataire de l'usufruit et payée par l'héritier dans le cas ou le légataire de l'usufruit décéderait avant celui de la rente. — Un pareil legs doit être distrait de la valeur de la succession pour la liquidation du droit de mutation à la charge de l'héritier (51).

Partage. — Usufruit converti en pleine propriété. — Base pour la perception des droits de mutation par décès (52).

Prise de possession de fait. — Absence. — La vente d'immeubles appartenant à un absent faite par l'un de ses héritiers déclarant agir en qualité de légataire universel, le rend passible du droit de mutation par décès dû pour cette succession (53).

Prise de possession de fait. — Disparition d'un marin. — La veuve qui en son nom personnel et comme tutrice de ses enfants mineurs, a touché de l'administration de la marine une somme revenant à son mari en qualité de capitaine d'un navire de commerce, doit acquiter les droits de mutation par décès sur les biens laissés par son mari disparu (54, 55).

Renonciation frauduleuse. — Le caractère simulé de la renonciation ne peut être établi qu'à l'aide d'actes émanés du renonçant luimême (57, 58, 59).

Renonciation simulée par une veuve a l'usufruit stipulé en sa faveur dans son contrat de mariage a titre de gains de survie. — Actes postérieurs passés avec ses enfants. — La veuve ne peut, par suite de ces actes, se dispenser de porter sa déclaration relative à la succession de son mari sur l'usufruit dont il s'agit (60).

Renonciation a un legs universel. — Déclaration ultérieure par erreur. — Les droits perçus sont restituables (61).

Régime dotal. — Mari usufruitier de la dot de sa femme. — Cette dot doit être distraite de l'actif laissé par le défunt (56).

Rente viagère. — Reversibilité. — Époux survivant. — Il n'est pas dû un droit de mutation par l'époux survivant lors du décès de son conjoint sur le capital de la moitié des rentes viagères (62, 63).

Rente viagère. — Legs conjoint. — Prédécès d'un époux. — Re-

VERSION. — Il n'est pas dû un droit de mutation au décès du premier mourant (64).

TRANSACTION PAR UN LÉGATAIRE UNIVERSEL AVEC UN HÉRITIER LÉGITIME. — Il est dû un droit de mutation pour la portion transmise à l'héritier (65).

TRANSACTION PAR UN LÉGATAIRE UNIVERSEL AVEC UN AUTRE LÉGATAIRE UNIVERSEL DERNIER INSTITUÉ. — Il est également dû un droit de mutation pour la portion que reçoit ce dernier institué (66).

SUBSTITUTION PROHIBÉE. — EXÉCUTION PAR LE LÉGATAIRE UNIVERSEL VIS-A-VIS DU GREVÉ, MALGRÉ LA NULLITÉ DONT ELLE ÉTAIT FRAPPÉE. — Dans ce cas, le retour qui s'opère au profit de ce légataire, lors du décès du grevé, donne ouverture à un droit de mutation (69).

USUFRUIT. — BOIS. — MINIÈRES. — Pour le règlement du droit de mutation par décès à percevoir sur l'usufruit d'un bois contenant des minières au jour du décès, il y a lieu de tenir compte du produit de ces minières aussi bien que du revenu forestier (71).

USUFRUIT. — MARI LÉGATAIRE. — JOUISSANCE DES BIENS DE LA COMMUNAUTÉ AFFECTÉS AU PAYEMENT DES REPRISES DE LA FEMME. — Il y a lieu de déduire de l'actif de la succession le montant de ces reprises (72).

USUFRUIT. — CAPITAL DÉTENU PAR LE MARI A TITRE D'USUFRUITIER. — Cette somme doit être distraite des valeurs actives de l'hérédité (73).

USUFRUITIER. — NU-PROPRIÉTAIRE. — REMBOURSEMENT DES DROITS DE MUTATION. — L'usufruitier qui a fait l'avance des droits de mutation dus pour la nue propriété, peut en réclamer le remboursement au nu-propriétaire (70).

VEUVE USUFRUITIÈRE DES BIENS DE SON MARI. — ACQUISITION D'UN IMMEUBLE DÉPENDANT DE LA SUCCESSION. — Après son décès ses héritiers sont fondés à déduire des valeurs à déclarer de sa succession le montant de la somme abandonnée ou d'une partie du prix en payement des droits de la veuve lors de la liquidation de la succession du mari (74).

USUFRUIT. — RENTE SUR L'ÉTAT. — ÉCHANGE. — REPRISES. — NOUVEAU DROIT. — L'acte postérieur à la déclaration de succession par lequel la veuve du défunt reçoit l'usufruit d'une rente sur l'État, en échange d'une somme lui revenant pour ses reprises, ne donne pas lieu à un supplément de droit de mutation par décès (75).

---

1. Action de la Régie sur les biens de la succession. — (*Manuel*, n°s 780 et suiv., 2e édit., et n° 420 et suiv., 1re édit.) — L'État a action sur les revenus des biens à déclarer, en quelques mains qu'ils se trouvent, pour le payement des droits de mutation par décès dont il faut poursuivre le recouvrement. (L. 22 frim. an 7, art. 32). La question de savoir quelle est la nature de l'action de l'administration pour le payement de ces droits, a soulevé une longue controverse qui a duré plus de cinquante ans, et la jurisprudence a fini par reconnaître que la Régie n'a pour le recouvrement des droits de mutation par décès sur les biens de la succession, ni privilége, ni droit de prélèvement, à l'exclusion des créanciers de la succession. Elle vient en concours avec eux dans la distribution du prix de ces biens. L'action qui lui est accordée par l'art. 32 de la loi du 22 frimaire est restreinte aux revenus, et ne peut, en l'absence d'une disposition formelle de la loi, s'étendre au delà et affecter les biens. V. notamment Cass. 23 juin 1857 et 2 décembre 1862.

Sur le renvoi prononcé par ce dernier arrêt portant cassation d'un arrêt de la Cour d'Orléans du 9 juin 1860, la Cour de Bourges a décidé, le 24 février 1864, que l'administration a pour le recouvrement des droits de mutation par décès un privilége sur les revenus des biens dépendant de la succession, et qu'au cas de faillite du défunt déclarée avant l'ouverture de la succession, ce privilége peut être exercé au préjudice des créanciers de la faillite.

2. Un jugement du tribunal de Die du 21 mars 1865 a décidé que le privilége appartenant au Trésor sur les immeubles d'une succession pour le recouvrement des droits de mutation par décès se borne aux fruits produits avant la saisie réelle, les fruits étant immobilisés par le fait seul de la saisie et des formalités qui en sont la suite (Art. 2148 *Répertoire périodique de l'enregistrement* de M. Garnier).

3. Le tribunal de Bourgoin a jugé, le 6 juillet 1864, que le payement des droits d'une succession bénéficiaire ne peut s'exercer sur les fermages et sur les intérêts du prix de la vente des biens, au préjudice des créanciers auxquels profite la séparation des patrimoines résultant du bénéfice d'inventaire (Art. 3006 *ibid.*)

M. Garnier critique cette décision comme faisant une fausse application des principes de la séparation des patrimoines.

« Cette procédure ne confère pas, dit-il, aux créanciers qui en profitent, le privilége hypothécaire tel que l'entend l'art. 2095 C. Nap. Elle empêche seulement l'immixtion des créanciers postérieurs, mais elle n'agit en aucune façon sur la nature ou le rang des dettes composant le passif de l'hoirie. Or, la créance du Trésor constituant l'une de ces dettes, la séparation des patrimoines ne saurait évidemment lui causer de déchéance. »

4. Action de la Régie. — Privilége sur les revenus. — Usufruitier. — Nu-propriétaire. — Action sur les capitaux. — Succession bénéficiaire. — Lorsque l'héritier de la propriété est insolvable, l'administration peut poursuivre, contre l'usufruitier et sur les revenus des biens de la succession, les droits de mutation par décès dus par la nue propriété.

Ainsi décidé par le tribunal de Calais, le 11 août 1865. (Art. 2226 *Rép. pér.* de M. Garnier).

5. Le droit de succession étant une dette personnelle aux héritiers, le Trésor ne peut venir en concurrence avec les créanciers du défunt sur les capitaux de la succession bénéficiaire.

Ces droits sont dus par l'héritier bénéficiaire sur ses biens personnels et non sur ceux de la succession.

Ainsi décidé par le tribunal de Lyon, le 21 décembre 1865. (Art. 2226 *Rép. pér.* de M. Garnier ; Art. 1303, *Contrôleur de l'enregistrement*).

Après avoir reproduit ce jugement du tribunal de Lyon, M. Garnier présente l'annotation suivante :

« Il règne de très-grandes difficultés en pratique pour l'exercice de l'action appartenant au Trésor, en vertu de l'art. 32 de la loi du 22 frimaire an 7, sur les revenus des biens à déclarer. Nulle part on ne trouve le développement complet des règles qui président à la collocation de ce privilége parmi ceux du droit commun ; et cependant il serait d'autant plus utile de les bien connaître, que la matière donne lieu à de nombreuses complications de procédure, où les parties se présentent toujours avec l'assistance des avoués, leurs conseils.

» Nous terminons en ce moment, sur ce sujet, une étude approfondie qui paraîtra dans l'un des prochains numéros. »

En attendant le travail de l'éminent auteur, on peut consulter sur la question de l'action de la Régie sur les biens d'une succession : MM. Dalloz, *Traité de l'enregistrement*, t. 2 (22 du *Répertoire général de jurisprudence*), n° 5177 ; Championnière, Rigaud et Pont, supplément au *Traité des droits d'enregistre-*

ment, nº 547 et 548 ; Rolland de Villargues, *Répertoire de la jurisprudence du notariat*, vº *Mutation par décès*, nº 287 ; *Dictionnaire du notariat*, vº *Succession*, nºs 1038 et suiv., 4e édit.; Garnier, *Répertoire général*, nº 13345 et 13350.

6. Ameublissement. — Renonciation à la faculté d'option accordée par l'art. 1509 C. Nap. — (*Manuel*, nºs 330 et suiv., 2e édit., et nºs 102 et suiv., 1re édit.) — L'immeuble ameubli, faisant définitivement partie de la communauté, doit être compris pour moitié dans la déclaration de succession de chaque époux. Il n'y a de ce chef aucune indemnité due à la communauté.

Une instruction générale de l'administration de l'enregistrement du 22 février 1865, nº 2307, rappelle en ces termes une décision de M. le ministre des finances du 23 décembre 1863, conforme à une délibération du conseil d'administration du 13 octobre précédent : « 1º Les diverses stipulations relatives à la clause d'ameublissement, et notamment la stipulation par laquelle l'un des conjoints renonce à la faculté d'option accordée par l'art. 1509 C. N., et attribue éventuellement l'immeuble ameubli à l'autre époux, ne donnent point ouverture au droit fixe d'enregistrement dont sont passibles les donations éventuelles (1); — 2º les renonciations à cette faculté d'option, consenties postérieurement au contrat de mariage, ainsi que les attributions, par l'effet du partage, au lot de l'époux qui ne les a point apportées, ou de ses représentants, ne peuvent donner lieu au droit proportionnel de mutation entre-vifs, sauf la perception de ce droit dans le cas où il aurait été stipulé une soulte applicable aux immeubles ameublis ; — 3º si le mariage est dissous par le décès de l'époux qui a fait l'ameublissement, les héritiers doivent comprendre dans la déclaration de sa succession, avant partage, la moitié de l'immeuble, et, après partage, le lot qui leur est échu ; — 4º si la dissolution du mariage rive par le décès de l'époux qui n'a pas fait l'ameublissement, les héritiers doivent, de même, déclarer la moitié de l'immeu-

(1) La Cour de Cassation avait déjà décidé qu'il n'y avait pas lieu de percevoir le droit fixe de donation éventuelle au cas d'une stipulation d'usufruit en faveur de l'un des époux sur des immeubles que l'autre époux a fait entrer dans la communauté par une clause d'ameublissement et à l'égard desquels il renonce à la faculté de retrait que lui accorde l'art. 1509 C. N. : Cass., 26 décembre 1831 (S. 1832. 1. 149. — P. chr. ; Art. 7622 J. N.

ble avant partage, et, après partage, le lot attribué au défunt; — 5° d'après ce qui précède, aucune indemnité ne pouvant être due à la communauté, il n'y a point à en comprendre dans la masse pour la liquidation du droit; — 6° la décision du 3 octobre 1828, insérée dans l'instruction 1272, § 3 (V. *Journ. de l'enregistrement*, Art. 9134, et *Journal du Notar.*, Art. 6830), est et demeure rapportée en tout ce qu'elle contient de contraire à la présente (S. 1865. 2. 312. art. 1914 et 2123 *Réper. pér.* de M. Garnier).

Par cette décision, le ministre, interprétant l'art. 1509 C. N., avait posé en principe « que, lors de la dissolution de la » communauté, la fiction de l'ameublissement cesse, et que les » biens ameublis, s'il n'en a pas été disposé pendant la com» munauté, sont censés retourner à celui des époux qui en a » fait l'ameublissement. » — Cette interprétation et les conséquences qu'elle entraînait avaient donné lieu, dans la pratique, à maintes difficultés de perception et appelé la critique des auteurs. La décision que nous rapportons doit nécessairement mettre fin à tous ces débats (S. 1865. 2. 312).

Sur la matière délicate de la clause d'ameublissement, outre les autorités rapportées au *Manuel, loc. cit.*, on peut consulter MM. Championnière et Rigaud, *Traité des droits d'enregistrement*, t. 4, n°s 2888 et suiv., et t. 6, n° 730; Rodière et Pont, *Contrat de mariage*, t. 2, n°s 185 et suiv.; Garnier, *Rép. gén. de l'enregistrement*, v° *Ameublissement*, n° 1530 et suiv.; Ed. Clerc. *Tr. de l'enregist.*, t. 2, n°s 2318 et 2889, *Rép. gén. du Palais*, v° *Enregistrement*, n°s 1550 et 2537; *Table génér.* Devilleneuve et Gilbert, v° *Enregistrement*, n°s 375 et suiv., et dissertations, établies sous les n°s 1530 et suiv., du *Répertoire général*, et 1781 et 1795 du *Répertoire périodique* de M. Garnier.

7. Assurance sur la vie. — Stipulation au profit des héritiers. — Lorsqu'une personne a souscrit un contrat d'assurances sur la vie, à la condition qu'à sa mort le capital convenu serait payé à un tiers, ce capital, au décès de l'assuré, ne forme pas une valeur de la succession et le tiers peut le revendiquer sans se porter héritier du défunt.

Pour qu'il en soit autrement, l'intention de l'assuré d'attribuer le bénéfice de l'assurance à sa succession doit être manifeste. — Cette intention ne résulterait pas nécessairement de ce que l'assuré a désigné les bénéficiaires par les mots **héri-**

tiers, si les circonstances démontrent qu'il a en vue personnellement ses enfants vivants au moment du contrat.

Ainsi décidé par la Cour de Colmar, le 27 février 1865 (Art. 2207 *Rép. pér.* de M. Garnier).

Cet arrêt consacre les principes exposés sous le n° 1921 du même recueil à l'égard des droits de succession exigibles sur les assurances. Dans un cas analogue à celui jugé par l'arrêt de la Cour de Colmar, au décès de l'assuré, le tiers recueille le profit de l'assurance; c'est *sa chose* qu'il reçoit, et il la reçoit en vertu d'un droit *personnel* résultant du contrat d'assurance, remontant au jour du même contrat: cette chose, par conséquent, ne tombe pas dans la succession de l'assuré, elle ne lui a jamais appartenu, elle n'a donc pu faire l'objet d'aucune mutation entre lui et le bénéficiaire. Ce dernier ne doit, dès lors, ni droit de mutation par décès ni droit de donation sur le capital ou sur la rente qu'il recueille.

7 *bis*. Bail verbal. — Expertise (*Manuel*, n° 729, 2e édit). — La mention d'un bail simplement verbal dans le cahier des charges dressé pour parvenir à la vente sur licitation d'un immeuble dépendant de la succession, ne peut faire obstacle à la demande d'expertise formée par l'administration de l'enregistrement par suite de la déclaration de cette succession : le droit de l'administration à cet égard ne souffre exception qu'au cas de *bail courant* justifié.

Ainsi décidé par le tribunal de la Seine, le 27 janvier 1866. (S. 1866. 2. 241).

Les *baux courants* dont parle l'art. 15, n° 7, de la loi de frim. an 7 ne peuvent s'entendre que des baux écrits. Cass., 30 mars 1808. V. MM. Garnier, *Rép. gén. de l'enreg.*, v° *Expertise*, n° 6251 ; Ed. Clerc, *Tr. de l'enreg.*, t. 2, n° 3014.

8. Bail courant non exécuté. — Allégations non prouvées (*Manuel*, n° 705, 2e édit.). — Le bail courant au jour du décès doit servir de base à la déclaration de succession lors même qu'il n'aurait pas été exécuté par le preneur et quoique les héritiers allèguent, sans en rapporter la preuve, que le prix s'applique en partie à la jouissance d'autres immeubles ou d'une construction verbalement promise par le défunt et non édifiée. Leur affirmation à cet égard ne peut prévaloir contre les énonciations du bail enregistré.

Ainsi décidé par le tribunal de la Seine, le 20 avril 1866 (Art. 2294 *Rép. pér.* de M. Garnier).

« Attendu qu'il résulte des termes de l'art. 15 de la loi de frimaire an 7, que, lorsqu'il existe au moment du décès un bail courant, la valeur qui est attribuée à l'immeuble objet de la transmission est la base nécessaire et indiscutable de la perception ; que par *bail courant* on doit entendre l'acte de location dont la durée n'est pas expirée, et qui, n'ayant pas été résiliée, conserve, même à défaut d'exécution, toute sa force obligatoire à l'égard de l'une et l'autre des parties. »

V. n°s 13183 et 13185 *Rép. gén.* de M. Garnier.

9. Bail. — Charges. — Insuffisance de revenu (*Manuel*, n° 706, 2e édit.) — On doit considérer comme des charges du bail à ajouter au prix quand elles sont imposées au preneur : 1° les primes d'assurances des bâtiments ; 2° l'obligation de faire des charrois pour le bailleur sans indemnité ; 3° la privation des intérêts d'une somme remise au bailleur à titre de garantie et dont ce dernier doit restituer seulement le capital.

En conséquence, lorsque les immeubles ainsi loués font l'objet d'une déclaration de succession, les héritiers doivent, à peine d'un droit en sus, ajouter au prix du bail, pour déterminer le revenu des biens, les charges qui en augmentent l'importance annuelle.

Ainsi décidé par le tribunal de Melun, le 26 mai 1865 (art. 2133, *Rép. pér.* de M. Garnier).

V. *Rép. gén.* de M. Garnier, Art. 13168 *bis*, sur la question de savoir de quoi se compose le prix du bail. Le prix du bail courant se compose de tout ce que le fermier paye au propriétaire ou à sa décharge et de l'évaluation de toutes les charges qui augmentent ce prix.

10. — Bénéfice d'inventaire. — Faillite. — Contrainte de la Régie (*Manuel*, nos 41 et 93, 2e édit., et nos 16 et 54, 1re édit.). — Les héritiers bénéficiaires sont personnellement tenus des droits de succession.

Le dessaisissement produit par la faillite ne dépouille pas le failli de la propriété de ses biens, et ils se trouvent dans la succession grevés du droit de mutation.

Tant que les héritiers n'ont pas passé leur déclaration, ils n'ont aucun droit de contester la contrainte.

Ainsi décidé par le tribunal de la Seine, le 19 août 1864 (Art. 2082, *Rép. pér.* de M. Garnier.).

Le premier point est conforme à une nombreuse jurisprudence : Cass., 1er février 1830, 24 avril 1833, 7 avril 1835, 12 juillet 1836, 27 août 1837; Seine, 17 mai 1838; Aurillac, 9 janvier 1849; Seine, 2 mai 1849; Seine, 10 janvier 1850; Belfort, 17 février 1851; Seine, 9 décembre 1852; Tulle 27 février 1854; Seine 27 décembre 1854; Lyon, 30 mars 1855; Cass., 24 juin 1857; Seine, 23 novembre 1861.

En ce qui concerne les effets du dessaisissement produit par la faillite, la solution du tribunal de la Seine, du 19 août 1864, est d'accord avec la doctrine indiquée sous les nos 6551 et 13037 *Rép. gén.* de M. Garnier.

Sur le dernier point, on peut consulter dans le même sens les arrêts de la Cour de cassation des 30 octobre 1809, 14 mars 1814 et 7 juillet 1863, et un jugement du tribunal de la Seine du 24 février 1865, *infrà* no 18.

11. Biens rentrés dans l'hérédité. — Mutation secrète. — Prescription (*Manuel*, no 393, et 918 et suiv., 2e édit.) — Lorsqu'un immeuble rentre dans la succession par suite d'une demande en revendication intentée depuis le décès, les héritiers sont tenus de passer, dans les six mois du jugement de réintégration, une déclaration supplémentaire destinée à l'acquit du droit de mutation par décès.

Le droit simple de mutation secrète se prescrit par 30 ans, mais la prescription biennale est applicable au droit en sus.

Ainsi décidé par le tribunal de la Seine, le 21 juillet 1865. (Art. 2154 *Rép. pér.* de M. Garnier).

12. Biens vendus par le défunt verbalement (*Manuel*, no 395, 2e édit., et no 235, 1re édit.) — Lorsque, depuis le décès d'un individu, la vente d'un immeuble lui ayant appartenu a été réalisée devant notaire par ses héritiers, avec déclaration par ceux-ci et par l'acquéreur que la vente avait été consentie verbalement au profit de ce dernier par le défunt et son épouse, l'administration n'est fondée à réclamer le droit de mutation par décès à raison de cet immeuble, non compris dans la déclaration de succession faite par les héritiers, qu'autant qu'elle démontre que ledit immeuble dépend de la succession, en établissant que le défunt a fait acte positif de propriétaire postérieurement à l'époque où les héritiers soutiennent qu'il avait cessé de l'être, ou par des présomptions, graves, précises et concordantes.

Ainsi décidé par le tribunal de la Seine, le 13 février 1857 (*Jour. Pal.*, *Bull. d'enregistr.* Art. 413).

13. Décidé, en ce sens, que la déclaration, par acte public, émanée de l'héritier, que peu de jours avant sa mort le défunt avait vendu un immeuble, fait foi de son contenu, et que, par suite, l'immeuble indiqué comme vendu ne doit pas être déclaré, lorsqu'il n'est pas établi que la déclaration soit frauduleuse. Trib. de Valence, 10 décembre 1833. V. MM. Championnière et Rigaud, *Traité des dr. d'enregistr.*, t. 4, nº 3342.

14. Colonies. — Créance due à un métropolitain (*Manuel*, nº 387, 2ᵉ édit.).— Les colonies faisant partie intégrante de l'empire, les créances dues par un colon à un métropolitain doivent être déclarées en France au bureau du domicile de ce dernier.

Solution du 17 février 1866.

» Il résulte d'un avis du comité des finances, approuvé le 11 mars 1829 (*Inst.* § 1282, 6), et d'une solution de l'administration du 10 avril 1835 (*Inst.* 1498, § 9), que la créance due par un Français à un étranger et payable en France, est censée située en France, et qu'une créance due à *l'étranger par un étranger* à un Français, a une situation fictive à l'étranger.

» Mais ces décisions rendues pour les pays étrangers ne sont pas applicables aux colonies françaises où l'enregistrement est établi. Ces colonies faisant partie intégrante de l'empire, les créances dues par un colon à un métropolitain doivent être déclarées au bureau du domicile de ce dernier.

» Telle est, au surplus, la conséquence à tirer d'un arrêt de la Cour de Cassation du 12 août 1857 (*Inst.* 2114, C. § 9), qui décide qu'une rente sur l'État dépendant d'une succession ouverte à la Martinique, ne doit pas être déclarée à Paris, au bureau dans l'arrondissement duquel se trouve situé le Trésor public débiteur. » (Art. 2297 *Rép. pér.* de M. Garnier.)

15. Omission. — Promesse de vente. — Preuve. — Jugement. (*Manuel*, nº 395, 2ᵉ édit., et nº 235, 1ʳᵉ édit.) — Des héritiers ont pu ne pas comprendre dans la déclaration de succession un immeuble qui avait été, de la part du défunt, l'objet d'une promesse de vente, bien que cette promesse n'ait été reconnue que depuis le décès, d'après les documents produits, par un jugement rendu sur les simples conclusions des avoués des parties, alors que rien ne prouve que ce jugement soit un jugement d'expédient.

Ainsi décidé par le tribunal de la Seine, le 15 mars 1862 (*J. Pal., Bull. d'enregistrement*, art. 834).

Les héritiers ne peuvent motiver le défaut de déclaration d'un objet quelconque de la succession sur une prétendue aliénation qui en aurait été faite par le défunt qu'autant qu'ils prouvent leur allégation. V. M. Garnier, *Rép. gén. de l'enreg.*, v° *Succession*, n° 13376. Or, du moment que cette preuve est faite d'une manière légale, spécialement au moyen d'un jugement, les rôles sont intervertis : foi est due à ce jugement, et les conséquences à en tirer ne peuvent être détruites qu'autant que l'administration prouverait à son tour que le jugement a été surpris à la religion du tribunal. V., comme analogue, tribunal de la Seine, 13 février 1857.

16. Cautionnement des officiers publics et ministériels, des comptables publics, etc. — Bailleur de fonds. (*Manuel*, nos 433 et suiv., 2e édit., et n° 263, 1re édit. — Le cautionnement inscrit au Trésor avec privilége de second ordre, au profit d'un bailleur de fonds, n'en est pas moins la propriété du titulaire et doit être compris dans la déclaration de sa succession. — Solution de la Régie du 15 juillet 1865, motivée en ces termes :

« M. Bizot, comme légataire universel de sa femme, devait » comprendre, dans la déclaration de succession de la défunte, » la moitié de la somme de 8,000 fr. qu'il a empruntée en 1862, » pour compléter son cautionnement en qualité de percepteur. » Cette somme est grevée d'un privilége de second ordre au » profit du bailleur de fonds, mais elle était la *propriété* de la » communauté qui a existé entre les époux Bizot. La jurispru- » dence en pareille matière, est basée sur des arrêts de Cassa- » tion, des 6 juin 1840 et 6 juillet 1849, et sur un jugement du » tribunal d'Aubusson du 10 mai 1860. Des décisions confor- » mes ont été rendues par le ministre des finances, les 28 juin » 1856 et 12 avril 1862. » (*Journal du Notariat*, n° du 11 août 1866 ; *Jurisp. not.*, Art. 13088 ; Art. 2278 *Rép., pér.* de M. Garnier).

Cette solution est contraire à une délibération de la Régie du 9 juin 1835 (n° 11219 J. E.), suivant laquelle le cautionnement était susceptible d'être considéré comme appartenant exclusivement au bailleur de fonds, et ne devait pas être compris dans la déclaration de la succession du titulaire. A l'appui de cette opinion, on alléguait que la déclaration souscrite, en exécution du décret du 22 décembre 1812, par le titulaire du cautionnement en faveur du bailleur de fonds pour lui faire acquérir le privilége de second ordre, doit énoncer, suivant le modèle annexé au décret, que la somme versée appartient en *capital et intérêts* au bailleur de fonds, et que, d'autre part, ce dernier, suivant les règlements de la comptabilité publique, touche les intérêts et peut, à l'expiration des fonctions du titulaire, obtenir *directement* du Trésor le remboursement du cautionnement. Cette opinion est enseignée par M. Dalloz, v° *Cautionnement*, n° 85. La même doctrine trouve à s'appuyer sur deux arrêts le premier de la Cour de Rouen du 16 avril 1806, aux termes duquel le cautionnement d'un comptable, lors de la cessation de ses fonctions, doit être restitué à celui qui en avait fait les fonds, sans que les créanciers du comptable, pour toute autre cause que pour faits de charge, puissent exercer aucun recours sur ce cautionnement; le second de la Cour de Paris du 24 avril 1834.

V., dans le même sens, MM. Garnier, *Rép. gén.*, n° 12726, et *Rép. pér.*, 1319, et Rolland de Villargues, *Jurisp. not.*, Art. 1156.

Mais l'opinion qui conserve cette propriété du cautionnement au titulaire, malgré le privilége du bailleur de fonds, a prévalu V. *Dict. Not.*, v° *Cautionnement des notaires*, n°s 137 et suiv., et v° *Succession*, n° 534, 4e édit; et *Rép. gén. Palais*, v° *Enregistrement*, n° 3022 et *J. Pal.*, *Bulletin d'enregistrement*, Art. 761, et les observations au sujet du jugement du tribunal d'Aubusson du 10 mai 1860.

17. Constructions élevées par un locataire (*Manuel*, n° 439, 2e édit., et n° 264 et suiv., 1re édit.). — Les constructions élevées par le fermier sur le terrain loué sont des immeubles qui doivent être compris dans la déclaration de succession.

Ainsi décidé par le tribunal de la Seine, les 13 février 1864 et 26 juillet 1865 (Art. 1988 et 2176, *Rép. pér.* de M. Garnier).

Il est admis en jurisprudence que les constructions faites par le fermier sur le terrain loué et pour son propre compte constituent des immeubles, dont la cession est passible de droit immobilier. Il s'ensuit que ces constructions doivent être comprises comme des immeubles dans la déclaration de succession du fermier. C'est ce qui est enseigné au n° 13771 du *Rép. gén.* de M. Garnier.

18. — Contrainte de la Régie de l'enregistrement. — Evaluation provi soire. — Défaut d'évaluation par la partie (*Manuel*, n°s 93, 2e édit., et n° 16, 1re édit.). — L'héritier contre qui a été décernée une contrainte à fin de payement des droits de mutation dus pour la succession à lui échue, n'est pas recevable à critiquer les évaluations provisoires de la contrainte, tant qu'il n'a pas fait lui-même la déclaration prescrite par la loi.

Ainsi jugé par le tribunal de la Seine, le 24 février 1865, (S. 1865. 2. 311).

C'est sur la déclaration seule de l'héritier que les droits de mutation doivent être perçus, sauf à l'administration à en critiquer la sincérité ; quand l'héritier ne se présente pas, l'administration est bien obligée d'évaluer elle-même l'importance de la succession et de décerner une contrainte en conséquence. Mais une évaluation faite sans documents est nécessairement incomplète, et par conséquent essentiellement provisoire ; aussi la contrainte n'est-elle jamais décernée qu'avec la réserve d'en augmenter ou diminuer les causes. Si l'héritier se laisse exécuter, l'administration touche la somme qu'elle a réclamée, mais sans perdre son droit, et sans renoncer pour cela à décerner une nouvelle contrainte dans le cas où de nouveaux renseignements lui feraient découvrir que son évaluation première était insuffisante. Cette seconde contrainte est, comme la première, délivrée à titre provisoire, et l'héritier qui, au lieu de la laisser exécuter, se déciderait à y former opposition ne pourrait être admis à en invoquer les évaluations pour échapper à une déclaration personnelle ; il sait en effet, mieux que l'administration, quelle est sa véritable qualité d'héritier, c'est-à-dire son degré de parenté avec le défunt, quels sont les biens qu'il a recueillis et leur valeur, et il n'y a que sa déclaration qui puisse rendre définitive la perception, en la supposant, bien entendu, exempte d'erreur ou d'omission. Aussi, dans les décisions rendues en cette matière, les juges ont-ils toujours soin de condamner l'héritier, d'abord à faire sa déclaration dans un délai déterminé, puis, et à défaut de déclaration, à payer le montant des évaluations provisoires de la contrainte. (S. 1865. 2. 311.) Le jugement précité du tribunal de la Seine consacre les mêmes principes.

19. Créance.—Omission.—Preuve. (*Manuel*, n° 443, 2e édit.; n° 267, 1re édit.) — Il ne suffit pas à la Régie, pour justifier sa demande de droits supplémentaires, à raison de la prétendue omission d'une créance dans une déclaration de succession, de produire le titre constitutif de cette créance, si le terme d'exigibilité n'était pas échu au décès du créancier; la Régie doit prouver, par des actes émanés des héritiers eux-mêmes, que la créance omise était encore due à leur auteur lors de son décès. Le titre constitutif de la créance ne fournit pas par lui-même la preuve que la créance existait encore au décès et qu'elle aurait dû être comprise dans la déclaration de la succession.

Ainsi décidé par le tribunal de Mirecourt, le 9 décembre 1864, (*Jurisp. not.*, art. 12906; Art. 12966, *Contrôleur de l'enregistrement*).

Nous pensons que cette décision est parfaitement fondée. Aux termes des art. 14, n° 8, et 37 de la loi du 22 frimaire an 7, les droits de mutation par décès sur les valeurs mobilières dépendant des successions sont liquidés et perçus d'après la déclaration estimative des héritiers, qui affirment et signent cette déclaration sur le registre du receveur.

Lorsque les héritiers ont ainsi satisfait à cette obligation, ils ont accompli ce que la loi exigeait d'eux, sauf erreur ou omission, ce dont il doit être justifié.

Si donc la Régie prétend qu'une déclaration de succession n'est pas complète, qu'elle renferme des insuffisances ou des omissions, c'est évidemment à elle à en rapporter la preuve, et cette preuve ne peut résulter que d'actes émanés des héritiers eux-mêmes, c'est-à-dire d'actes par lesquels les héritiers reconnaissent avoir trouvé dans la succession telle ou telle valeur ou créance. Si cette valeur ou créance n'a pas été comprise dans la déclaration, il y a omission; la Régie, qui en produit la preuve, peut alors exercer les droits du fisc.

Mais il n'existe aucun autre moyen de critiquer légalement une déclaration faite par des héritiers.

En pareille matière, les enquêtes et la preuve testimoniale ne sont pas admises; la loi ne les autorise pas. C'est ce que porte le jugement du tribunal de Mirecourt. C'est aussi ce que la Cour de cassation a décidé : 1° contre la Régie, par un arrêt du 29 février 1860 ; 2° et contre des héritiers par un arrêt du 19 mars 1862.

20. Conformément à cette doctrine, le tribunal de Moissac a décidé, le 11 août 1863, que la présomption d'omission qui résulte de l'exigibilité d'une créance postérieurement au décès peut être détruite par des allégations précises non contredites par l'administration et que les reconnaissances de dettes, constatées dans des actes étrangers au défunt ou à ses héritiers, n'établissent pas suffisamment l'existence de la créance omise (Art. 1879, *Rép. pér.* de M. Garnier).

21. Lors qu'un acte émané de l'un des héritiers contient la preuve d'une omission dans la déclaration des valeurs mobilières de la succession, la Régie ne peut pas se prévaloir de cet acte pour exiger un supplément de droits des autres héritiers.

Ainsi décidé par le tribunal de Cognac, le 12 janvier 1864 :

Attendu que s'il est admis généralement que la Régie, qui ne saurait établir ses prétentions par la preuve testimoniale, peut faire preuve des omissions ou insuffisances qu'elle recherche par des actes ou faits constants, il faut toujours que ces actes soient *opposables aux parties*, ainsi que le constate l'arrêt de cassation même cité par l'administration, en date du 29 février 1860. (Art. 18253, *J. N.*)

22. Le tribunal de Bar-le-Duc s'était déjà prononcé dans ce sens par un jugement du 15 avril 1863, auquel la Régie a acquiescé. Ce jugement décide que la Régie peut, pour établir une omission dans la déclaration des valeurs mobilières d'une succession, invoquer comme preuve l'énonciation faite par un des héritiers dans un acte émané de lui, spécialement dans un testament, de l'importance de l'émolument qu'il a recueilli dans la succession. Cet aveu autorise la Régie à réclamer le payement des droits dus par celui qui l'a fait, sur l'évaluation de ce qu'il reconnaît avoir ainsi recueilli dans la succession ; mais la Régie n'est pas fondée à se prévaloir de cette évaluation pour exiger un supplément de droits des autres héritiers, lors même qu'ils sont les représentants de l'auteur de l'aveu. (Art. 17874, *J. N.*)

23. Omission. — Actions industrielles. — Preuve.—Registre des compagnies. (*Manuel*, n° 825, 2e édit.) — L'omission d'actions d'une compagnie dans une déclaration de succession est suffisamment établie, pour la perception des droits, par la mention des registres de la compagnie que les actions omises ont été transférées par suite de partage aux héritiers du défunt, et par l'absence de tout transfert à titre onéreux des mêmes actions fait à ces héritiers antérieurement au décès.

Ainsi décidé par le tribunal de Cambrai, le 22 décembre 1849. (*J. Pal.*, *Bull. d'enreg.* Art. 648.)

Le droit de contrôle de la Régie sur les évaluations de valeurs mobilières comprises dans les déclarations de succession a été consacré par plusieurs arrêts de la Cour de cassation, notamment par ceux des 24 mars 1846 et 29 février 1860. Ce dernier arrêt a décidé que les omissions ou insuffisances ne sauraient être établies au moyen de la preuve testimoniale, et que la preuve n'en peut résulter que des actes émanés des parties elles-mêmes, ou d'actes et faits constants au procès qui leur seraient opposables, tels que partages, transactions, inventaires, liquidations, répertoires de notaires et autres actes soumis à la formalité de l'enregistrement. On se demande si les registres des compagnies peuvent être rangés parmi ces actes. L'affirmative ne saurait être douteuse quand les mentions portées sur les registres peuvent être invoquées par les actionnaires ou associés, ou peuvent leur être opposées comme établissant la propriété ou le transfert des actions, car ces mentions constituent alors de véritables preuves. Mais il en devrait être autrement quand il s'agit de simples mentions d'ordre qui ne peuvent faire titre ni pour ni contre l'actionnaire. De semblables mentions ne doivent être considérées que comme de simples présomptions, impuissantes, d'après la nouvelle jurisprudence qui ne permet pas à l'administration de recourir aux règles du droit commun en matière de preuves, à autoriser la perception du droit fiscal.

24. Créances douteuses. — Déclaration estimative. (*Manuel*, nos 466 et suiv., 2e édit., et nos 86 et suiv., 1re édit.) — Le droit de mutation par décès doit, pour les créances même mauvaises ou douteuses qui font partie de la succession, être payé d'après le chiffre du capital énoncé dans le titre, et non d'après celui indiqué par l'héritier dans une déclaration estimative.

Ainsi décidé par le tribunal de Briey, le 19 avril 1866 :

Attendu qu'aux termes des art. 4 et 14 de la loi du 22 frim. an 7, le droit proportionnel d'enregistrement pour toute mutation de propriété de biens meubles et immeubles est assis sur les valeurs sans distraction des charges ; — Attendu que pour déterminer ces valeurs, la loi n'a recours à la déclaration estimative des parties qu'en l'absence de toute autre base ou moyens d'évaluation ;

Attendu que si le n° 8 de l'art. 14 porte que pour la transmission entre-vifs ou par décès à titre gratuit, la valeur sera fixée par la déclaration estimative des parties, cette disposition ne s'applique qu'aux meubles et effets mobiliers proprement dits qui n'ont pas de valeur fixe et déterminée, et non aux créances dont le chiffre certain est constaté par écrit ; — Attendu que la disposition du n° 2 du même article 14 est générale et absolue ; qu'elle embrasse toutes les créances ou autres actes obligatoires sans distinguer le mode de transmission ; que d'ailleurs le n° 8 de l'art. 14 combiné avec l'art. 27 n'admet la déclaration des parties, même pour les meubles et effets mobiliers proprement dits, qu'en l'absence d'une prisée par inventaire ;

Attendu que si par des considérations d'équité et pour tempérer la rigueur de la loi, une décision ministérielle du 12 août 1806 porte que les héritiers peuvent être dispensés du payement du droit de mutation par décès, pour les créances devenues caduques par la prescription ou l'insolvabilité des débiteurs, pourvu qu'ils y renoncent expressément dans la déclaration, à l'administration seule appartient la faculté de modérer, selon le cas et dans la mesure de ses attributions, la rigueur des perceptions sur les créances reconnues par elle absolument irrecouvrables ;

Attendu que si rigoureuse que soit une loi, elle ne peut être modifiée que par un acte émanant du pouvoir législatif ; qu'en conséquence une décision ministérielle ne peut avoir cet effet et lier les tribunaux ; qu'au surplus la décision du 12 août 1806 ne fait qu'autoriser les agents de l'administration à apporter un tempérament à la loi dans les circonstances qu'elle indique et sans leur en imposer l'obligation ; — Par ces motifs, déclare mal fondées les oppositions formées par les héritiers de la dame Aubrion à l'exécution des contraintes, les en déboute, ordonne que ces contraintes sortiront leur plein et entier effet. (Dalloz, P. 1866. 3. 53.)

Pour jouir du bénéfice de la décision ministérielle du 12 août 1806, il faut que la renonciation des héritiers au recouvrement des créances soit expresse. Il ne suffit pas de déclarer que la créance est d'un recouvrement incertain ou même impossible; il faut y renoncer d'une manière formelle, soit que la renonciation soit motivée par la prescription, soit qu'elle ait pour cause l'insolvabilité du débiteur. C'est ce qui a été décidé par le tribunal de Châteauneuf, le 8 mars 1832, et par celui de la Seine, le 12 avril 1849 et le 3 juillet 1850 (*Manuel* 2e édit., n° 469).

Le jugement du tribunal de Briey adopte la doctrine de la Cour de cassation. Quatre arrêts du 24 avril 1861, l'un de cassation, les trois autres de rejet, ont décidé, en effet, que la valeur des créances à terme est déterminée, pour la perception du droit proportionnel d'enregistrement, sur les transmissions soit entre-vifs à titre gratuit, soit par décès, comme sur les transmissions à titre onéreux, par le capital exprimé dans l'acte constitutif des créances et non par la déclaration estimative des parties. (V. Art. 17112 *J. N.*; et Dalloz P. 1861. 1223.)

25. — Créance en partie irrecouvrable. — Restitution de droits. (*Manuel*, nos 466 et suiv., 2e édit., et nos 86 et suiv., 1re édit.) — Le droit de mutation par décès dû pour les créances comprises dans une déclaration de succession et déjà partagées entre les héritiers n'est sujet à aucune diminution ou restitution, alors même qu'en l'acquittant les héritiers auraient fait toutes réserves à raison de ces créances, qu'ils considéraient comme perdues, et qui, en effet, n'ont pu être recouvrées qu'en partie.

Ainsi décidé par le tribunal d'Étampes, le 7 août 1861. (*J. Pal., bull. d'enreg.* Art. 732).

C'est une conséquence de ce principe que les héritiers sont tenus de comprendre dans leurs déclarations de succession, même les créances d'un recouvrement incertain et qu'ils ne sont affranchis du payement des droits de succession qu'à raison de celles de ces créances dont ils ont fait remise ou donné décharge, ou auxquelles ils déclarent renoncer. C'est donc avec raison que le tribunal d'Étampes a considéré les réserves mentionnées dans la déclaration de succession sans valeur après le partage dans lequel les créances en question figurent comme un actif certain et sont attribuées à chacun des héritiers suivant ses droits. Malgré ces réserves, il n'y en a pas moins eu transmission par décès de ces mêmes créances, et si elles n'ont été recouvrées qu'en partie, les héritiers n'en ont pas moins été saisis pour la totalité.

26. — La décision ministérielle du 12 août 1806, qui permet à l'administration de l'enregistrement de ne pas réclamer de droits de succession sur les créances dont les débiteurs sont insolvables, mais à la condition expresse d'une renonciation aux dites créances, est une simple faculté laissée à l'administration, qui a le droit d'en user comme bon lui semble, et les tribunaux ne peuvent lui imposer l'obligation d'en user,

En conséquence, lorsque l'administration réclame le payement des droits pour des créances non comprises dans une déclaration de succession et dont elle a connu plus tard l'existence, un tribunal ne peut pas repousser cette demande par le motif que ces créances se trouveraient dans le cas prévu par la décision ministérielle précitée.

Ainsi décidé par le tribunal de la Seine, le 13 juin 1863 (*J. Pal.*, *Bull. d'enreg.* Art. 877).

V. *Rép. gén. Pal.*, et *supp.*, v° *Enregistrement*, n° 3053.

27. Droits acquittés. — Ascendant. — Collatéraux. — Déduction. (*Manuel*, n° 769, 2e édit.)— Lorsque, postérieurement au payement qu'a fait un héritier ascendant des droits de mutation par décès dus sur une succession, il est reconnu qu'une partie de cette succession était échue à des collatéraux, il y a lieu de réclamer de ces derniers les droits par eux dus sur cette partie, sous la déduction toutefois de ceux payés par l'ascendant sur la même partie.

Les héritiers, donataires et légataires qui, dans les six mois de l'ouverture des successions, n'ont pas fait au bureau d'enregistrement la déclaration des biens à eux échus ou transmis par décès, peuvent, même en l'absence de toute acceptation de leur part, être poursuivis en payement des droits de mutation; ils ne sauraient se soustraire à l'action en payement de ces droits que par une renonciation.

Ainsi décidé par le tribunal de la Seine, le 5 mars 1866 (*J. Pal., Bull. d'enregistrement*. Art. 346. — V., dans le même sens, un autre jugement du même tribunal du 25 mars 1852.

28. Étranger. — Domicile en France. — Valeurs mobilières. (*Manuel*, nos 386 et suiv., 2e édit.) — La succession, ouverte en France, de l'étranger qui s'y était fixé sans esprit de retour et y jouissait à ce titre des droits civils, est régie par la loi française.

Dès lors, les héritiers de cet individu, même alors qu'ils sont étrangers et domiciliés à l'étranger, doivent les droits de mutation sur les valeurs par eux recueillies en France dans ladite succession, notamment sur les titres de fonds publics et les valeurs mobilières françaises ou étrangères, que les lois de finances ont soumis à cet impôt.

Ainsi décidé par le tribunal civil de Rouen, le 22 juin 1864 :

Attendu que Benjamin Armston, anglais d'origine, s'est établi à Rouen, il y a environ douze ans ; qu'après avoir travaillé aux ateliers du chemin de fer, il s'est retiré à Sotteville-lez-Rouen, où il vivait de ses épargnes depuis trois ans ; qu'il n'a jamais manifesté aucun esprit de retour dans son pays, quoiqu'il y eût ses frères et ses sœurs, et qu'enfin tout prouve qu'il avait en France son domicile réel au moment de sa mort, arrivée à Sotteville le 4 octobre 1863 ; — Attendu qu'il est reconnu par la doctrine et la jurisprudence que l'étranger qui a son domicile réel en France y jouit des mêmes droits civils que l'étranger admis par l'autorité à y résider ;

Attendu que les successions se règlent par le lieu du domicile de la personne décédée ; — Attendu que, d'après l'art. 7 de la loi du 18 mai 1850, les mutations par décès et les transmissions entre-vifs, à titre gratuit, d'inscriptions sur le grand-livre de la dette publique, sont soumises aux droits établis pour les successions ou donations ; qu'il en est de même des mutations par décès des fonds publics et d'actions des compagnies ou sociétés d'industrie ou de finance étrangères dépendant d'une succession régie par la loi française, et des transmissions à titre gratuit de ces mêmes valeurs au profit d'un Français ;

Attendu que la loi des finances du 13 mai 1863 assujettit au payement des droits les obligations des compagnies d'industrie ou de finance étrangères que la loi précitée n'avait pas formellement désignées ;

Attendu qu'il suit de ces textes de loi et de ce fait qu'Armston avait son domicile réel en France, que les valeurs mobilières de sa succession, composées notamment de dix-huit obligations des chemins de fer romains et de six titres de la dette italienne, étaient assujetties à des droits de mutation qui ont été régulièrement perçus par le receveur d'enregistrement de Sotteville le 2 avril 1864; que c'est donc à tort que ses héritiers ont assigné l'administration en restitution de 2,322 fr. 14 c. qui ont été payés par l'administrateur provisoire de la succession Armston;

Attendu que c'est à tort également qu'ils soutiennent qu'il n'est rien dû en France pour la succession d'un sujet anglais recueillie par des héritiers anglais; — Attendu, en effet, que la nationalité des héritiers est indifférente, du moment que les valeurs qu'ils recueillent appartiennent à un étranger domicilié en France, et que les valeurs étrangères composant sa succession sont assujetties par des lois spéciales à l'impôt des mutations par décès; — Par ces motifs, etc., (Dalloz, *P.* 1865. 3. 13; Art. 1983, *Rép. pér.* de M. Garnier; Art. 13022; *Contrôleur de l'enregistrement.*)

Cette décision a résolu une très-grave difficulté sur le point de savoir quand l'étranger doit être considéré comme ayant son domicile en France. Elle nous paraît parfaitement bien rendue. En effet, du principe que les lois fiscales forment un statut *réel*, il suit que l'étranger qui vient recueillir en France la succession d'un autre étranger doit le droit de mutation par décès sur les immeubles situés en France, qui dépendent de la succession, comme sur le mobilier corporel trouvé en France (V. Dalloz, *Juris. gén.*, v° *Enregistrement*, n° 4156.) Relativement au mobilier incorporel qui n'a pas d'assiette fixe, la perception du droit a éprouvé quelque difficulté, lorsque le domicile du décédé s'est trouvé fixé hors de France, parce que la loi exige que la déclaration soit faite au lieu du domicile. Néanmoins l'administration a soutenu et a fait admettre que les rentes françaises doivent être déclarées au bureau dans la circonscription duquel se trouve l'établissement du débiteur (V. *Manuel*, n° 175, 2e édit. et n° 66, 1re édit.) — La règle n'est pas la même pour les valeurs *étrangères* trouvées en France dans la succession de l'étranger; elles ne sont soumises au droit de mutation par décès, d'après les lois de 1850 et 1863, que si la succession est régie par la loi française. C'est sur ce point seulement qu'il y avait intérêt à rechercher, dans l'espèce du jugement du tribunal de Rouen, si la succession se trouvait soumise à cette loi.

D'un jugement du tribunal civil de la Seine du 8 mai 1858 (Art. 16325 *J. N.*; Dalloz, *P.* 1859. 346.; *Manuel*, n° 855, 2e édit.), il résulte que dans le cas de contestation, c'est à la Régie à établir que la succession est régie par la loi française, ce qui est, en effet, conforme aux principes. (V. Dalloz, *Jur. gén.*, v° *Enregistrement* n°s 3997 et suiv.)

Faut-il pour cela que la Régie prouve que l'étranger décédé en France avait abdiqué sa nationalité? La question se posait en ces termes dans l'espèce à laquelle se rapporte le jugement précité, parce que la qualité d'étranger, affirmée par l'héritier, était niée par l'administration. Mais il suffit d'après la solution du tribunal de Rouen, qu'il soit prouvé que l'étranger décédé en France y avait transporté son domicile. Cette translation du domicile suffit, en effet, pour faire acquérir à l'étranger, d'après la jurisprudence, des avantages dont la jouissance est de nature à justifier l'impôt que l'État réclame sur sa succession à titre de compensation de la protection à lui accordée. V. notamment Cass. (crim. rej.) 21 juin 1861, Dalloz P. 1862. 1, 251. et *Jur. gén.* v° *Droits civils*, n°s 281 et suiv. et Dalloz P. 1865. 3. 13.

Le tribunal de la Seine a décidé, le 6 janvier 1866, que lorsque l'étranger a été autorisé par décret à établir son domicile en France, sa succession se trouve régie par la loi française, qu'en conséquence les valeurs mobilières de sa succession sont assujetties au droit de mutation. (Art. 13022, *Contrôleur de l'Enregistrement.*)

29. Héritiers bénéficiaires. — Rétention. — Revenus. (*Manuel*, n° 751, 2e édit.)—Les droits de mutation par décès dus sur les biens dépendant d'une succession bénéficiaire sont une dette personnelle de l'héritier. En conséquence, il n'est pas fondé à en retenir le montant sur les valeurs de la succession.

Il ne pourrait en tout cas comme subrogé aux droits de l'administration de l'enregistrement, exercer d'action que sur les revenus des dits biens.

Ainsi décidé par le tribunal de Châtillon-sur-Seine, le 20

mai 1863. (*J. du Palais, Bulletin d'enregistrement*, Art. 892.) —V. *Rép. gén. Pal.* et *Supp.* v° *Enregistrement*, n° 3175, et v° *Succession bénéficiaire*, n°s 255 et suiv. — V. aussi, en ce qui concerne l'action de la Régie sur les biens de la succession, *suprà*, n° 1er, p. 5 et suiv.

30. Héritiers évincés par d'autres. — Restitution des droits de mutation payés. (*Manuel*, n° 863, 2e édit., et n° 452, 1re édit.) — Les droits de mutation payés par des collatéraux qui se croyaient seuls héritiers, mais qui plus tard ont été évincés par un enfant naturel du défunt, ne sont pas restituables sur ces trois quarts ; l'éviction dans ce cas est un événement postérieur dans le sens de l'art. 60 de la loi du 22 frimaire an 7.

Ainsi décidé par le tribunal civil de Rouen, le 28 décembre 1864. (Dalloz P. 1865. 3. 40.)

C'est l'application de la doctrine admise par la Cour de cass. (V. notamment arrêts du 15 juillet 1840 et 2 mai 1843, et *Jurisp. gén.* de M. Dalloz, v° *Enregistrement*, n°s 5368 et suiv.).

31. Huissier. — Mandat. — Offres. — Déclaration. — Mines. — Biens non détaillés. — Refus du receveur. (*Manuel* n°s 45 et 107, 2e édit., et n°s 12 et 30, 1re édit.) — Le mandat donné à un huissier de faire au receveur de l'enregistrement des offres pour le montant d'une déclaration de succession ne comprend pas le mandat de faire cette même déclaration et de la signer.

Le receveur peut refuser une déclaration de succession qui, ayant pour objet un droit indivis dans des mines, ne détermine pas la quotité de ce droit et ne désigne pas la nature des mines, ni n'indique s'il y a des bâtiments et des objets mobiliers pour leur exploitation.

Ainsi décidé par le tribunal de Saint-Pons, le 29 novembre 1853. (*J. Pal. Bull. d'Enreg.* Art. 286.)

Pour une déclaration de succession, le mandataire doit avoir une procuration spéciale qui doit même demeurer annexée au registre. (*Manuel*, n°s 45 et suiv.)

La seconde partie de cette décision, en ce qui concerne le refus du receveur, paraît fort contestable : car on est généralement d'accord que, quand une déclaration est offerte, le receveur ne peut, sous aucun prétexte, refuser de la recevoir, sauf à prévenir les parties des conséquences que peut avoir son insuffisance. (*Journ. de l'Enreg.*, Art. 1838; MM. Championnière et Rigaud, *Traité des droits d'Enregistrement*, t. 4. n° 3309 ; *Rép. gén. Journ. Pal.*, v° *Enregistrement*, n° 2997.)

32. Intérêts moratoires. — Restitution de droits. (*Manuel*, n° 882, 2e édit., n° 489, 1re édit.) — L'administration de l'enregistrement ne peut être condamnée aux intérêts des sommes dont la restitution est ordonnée contre elle; l'art. 1153 C. Nap. n'est pas applicable en cette matière.

Ainsi décidé par le tribunal civil de la Seine, le 14 août 1858 et le 22 décembre 1860. (*J. Pal.*, *Bull. d'Enreg.* Art. 543 et 697.)

33. Le tribunal de Rambouillet a rendu un jugement dans le même sens, le 23 décembre 1863 : — Attendu, en ce qui touche les conclusions tendantes au payement des intérêts du droit indûment perçu, qu'une telle prétention est contraire à tous les principes qui régissent la matière; que l'art. 1153 C. Nap. n'a point d'application en pareil cas ; qu'aucun impôt ne pouvant être augmenté ou diminué qu'en vertu d'une loi, il s'ensuit que, de même que les droits d'enregistrement ne produisent pas d'intérêts au profit de l'État, il n'en doit pas pour les sommes qu'il est tenu de restituer. (*Revue du Notariat*, n° 752.)

La jurisprudence est établie depuis longtemps dans le sens de ces décisions. (V. conforme Cass., 17 janvier 1853 et 12 mai 1862. V. aussi MM. Garnier, n° 7392 ; Rolland de Villargues, v° *Restitution des droits d'enregistrement*, n° 87 ; *Dict. Not.*, *eod. verbo*, n° 70 (4e édit.) ; *Revue du Notariat*, nos 346 et 408 ; *Table générale*, Devilleneuve et Gilbert, v° *Enregistrement*, nos 1911 et suiv., et *Table décenn.*, 1851-1860., *eod. verbo*, n° 361 ; *Rép. gén. Pal.*, et *Supp.*, v° *Enregistrement*, n° 4498.)

34. Inventaire. — Vente de meubles. (*Manuel*, nos 113 et suiv., 2e édit. et nos 27 et suiv., 1re édit.) — La valeur déclarée à la Régie par les héritiers, conformément à une estimation émanée d'un commissaire-priseur, doit servir de base au calcul du droit de mutation à percevoir sur les biens meubles de la succession, si la Régie ne prouve et surtout si elle n'offre même pas de prouver que cette estimation est le résultat soit d'une erreur ou d'une impéritie évidente, soit d'une connivence entre l'officier public et les redevables.

La circonstance que les objets déclarés se seraient vendus aux enchères publiques à un prix de beaucoup supérieur à l'estimation, ne prouve pas à elle seule l'insuffisance de celle-ci et est de peu d'importance lorsque, s'agissant de choses dont la valeur, essentiellement variable, dépend de la mode et du goût (dans l'espèce, une collection d'objets d'art et de médailles), la grande publicité donnée à la vente, la réputation artistique et scientifique de l'ancien propriétaire et le concours inusité d'acheteurs suffisent à expliquer le prix exceptionnel produit par les enchères.

Ainsi décidé par le tribunal civil de la Seine, le 12 mars 1864 :

Attendu qu'aux termes des art. 14 et 17 de la loi de frimaire an 7, le droit de mutation pour les biens meubles se perçoit sur une déclaration appuyée d'un état estimatif dressé soit par les parties, soit par un officier public; — Attendu que pour être admis à contester une pareille déclaration, lorsqu'elle est, comme dans l'espèce, appuyée d'une estimation émanée d'un commissaire-priseur, dont les parties sont obligées d'accepter le travail, l'administration de l'enregistrement doit commencer par établir que cette estimation est le résultat soit d'une erreur ou d'une impéritie évidente, soit d'une connivence entre l'officier public et les redevables; — Attendu que l'administration de l'enregistrement n'établit rien de semblable dans l'espèce; — Que l'argument principal tiré de ce que les biens estimés 11,217 fr. lors de l'inventaire, ont été vendus aux enchères publiques moyennant la somme de 84,251 fr. 50 c. est de peu d'importance, lorsque l'on se rend compte de la nature des objets et des circonstances au milieu desquelles ils ont été vendus; — Qu'en effet il s'agissait d'objets d'art et notamment de médailles, c'est-à-dire de choses dont la valeur dépend de la mode et du goût et dont le prix de vente varie suivant le personnel des acheteurs et le plus ou moins d'entraînement des enchères; — Attendu qu'il est constant, en fait, que la vente dont il s'agit a eu lieu à la suite d'une immense publicité, en présence de plusieurs délégués de sociétés savantes, et que les amateurs ont pu être entraînés, en ce qui concerne les médailles, par la réputation artistique et scientifique de leur ancien propriétaire, et par toutes les circonstances particulières au milieu desquelles les enchères ont eu lieu ; — Attendu que les choses étant ainsi, il convient de maintenir comme base de la perception la valeur indiquée dans la déclaration ; — Par ces motifs, déboute l'administration de l'enregistrement de ses fins et conclusions ; — Annule la contrainte décernée par elle. — Dalloz P. 1864. 3. 104; Art. 2032, *Rép. pér.* de M. Garnier.

La difficulté qui précède est en ce moment soumise à la Cour suprême à la suite du pourvoi introduit par l'administration de la Régie contre ce jugement.

35. Meubles inventoriés et vendus. — Insuffisance. (*Manuel*, n°s 113 et suiv., 2e édit. et n°s 27 et suiv., 1re édit.). — Lorsque les meubles d'une succession ont été inventoriés par un notaire, puis vendus avant la déclaration de succession pour une somme supérieure à l'estimation de l'inventaire, le droit est dû sur la prisée de cet inventaire, et non sur le prix de la vente.

Il importe peu qu'il s'agisse de marchandises dont le cours n'a pas varié depuis le décès et qui ont été estimées en fait au-dessous de ce cours par une autre personne que le commissaire-priseur.

Ainsi décidé par le tribunal de Bourges, le 23 novembre 1865. (Art. 2210, *Rép. pér.*, de M. Garnier.)

Ce recueil reproduit sous cet article quelques-unes des judicieuses observations dont son correspondant a accompagné l'envoi du jugement de Bourges. Nous regrettons de ne pouvoir les mettre sous les yeux de nos lecteurs.

36. Legs à un créancier. — Obligation morale. — Lorsqu'une femme dotale qui a verbalement garanti les dettes de son mari fait des legs aux créanciers de celui-ci afin de les désintéresser, ces dispositions sont de véritables libéralités passibles du droit de mutation pas décès et non pas de simples reconnaissances de dettes sujettes au droit d'obligation.

Ainsi décidé par le tribunal de Rouen, le 22 février 1866, (Art. 2286, *Rép. pér.* de M. Garnier.)

37. Legs de residuo. — Événement de la condition. — Nouveau droit. (*Manuel*, n° 631, 2e édit.) — Lorsqu'un legs universel a été fait sous la condition que, si le légataire vient à décéder sans enfants et sans avoir disposé des biens légués, ces biens reviendront aux héritiers du donateur, ceux-ci sont tenus, au cas où la condition se réalise, d'acquitter un nouveau droit de mutation sur les biens par eux recueillis.

Ainsi décidé par le tribunal de Bourganeuf, le 14 avril 1859. (*J. Pal.*, *Bull. d'Enregistr.* Art. 624.)

Comme la propriété ne saurait jamais rester en suspens, il est généralement admis qu'au cas de substitution *de residuo*, le légataire universel ou grevé est propriétaire, sauf résolution de son droit au cas d'avénement de la condition prévu. (V. notamment MM. Marcadé, *Explic. C. Nap.*, sur l'art. 1840, n° 1, et Troplong. *Donat. et test.* t. 4, n° 225, et *Vente*, n° 212.) — Plus tard, la condition prévue, venant à se réaliser, entraîne une nouvelle transmission de propriété, et, par conséquent, donne ouverture à un nouveau droit de mutation; or, comme cette transmission de propriété s'opère du grevé à l'appelé, le taux du nouveau droit doit être calculé, non d'après le degré de parenté existant entre le testateur et l'appelé, mais d'après le degré existant entre le grevé et l'appelé. (V. Solution, 26 août 1814, *Rép. gén. Pal.*, v° *Enregistrement*, n° 2895; *Dict. Not.*, v° *Substitution*, n° 333, 4e édit. et *Manuel*, n° 632.)

38. Legs universel. — Mari. — Communauté. — Renonciation. (*Manuel*, n° 555, 2e édit., et n° 316, 1re édit.)— Le mari légataire universel de sa femme ne peut du chef de cette dernière, renoncer à la communauté, et se prévaloir de cette renonciation pour ne pas acquitter les droits de mutation dus par la succession à raison de la part afférente dans l'actif de la communauté.

Ainsi décidé par le tribunal de Lyon, le 21 mars 1865 :

Attendu que si, aux termes de l'art. 1453 C. Nap., la femme ou ses héritiers ou ayants cause peuvent, sous certaines conditions établies par la loi, renoncer à la communauté, il est certain que cette faculté, accordée à la femme dans son intérêt et contre le mari, ne pourrait en aucun cas appartenir à celui-ci; — Qu'en effet, outre que la faculté de renoncer à la communauté est incompatible avec la qualité de mari, puisqu'elle a été établie contre lui, il résulte des dispositions de l'art. 1456 que la femme même qui renonce est obligée, sous peine d'être déclarée commune, de faire un inventaire fidèle et exact de tous les biens de la communauté contradictoirement avec les héritiers du mari ou eux dûment appelés ; qu'il est bien évident que le mari est dans l'impossibilité de remplir cette formalité, car il ne pourrait, en procédant à l'inventaire, agir à la fois et comme héritier ou ayant cause de sa femme, et comme mari ; d'où il suit que, ne pouvant remplir la condition sans laquelle la faculté de renoncer n'existe pas, cette faculté ne saurait lui appartenir. (Dalloz (P. 1865. 3. 48 ; S. 1865. 2. 274.)

On peut consulter dans le même sens un arrêt de la Cour de Cassation du 9 mars 1842 qui a décidé que le mari, héritier de sa femme, ne peut valablement renoncer, du chef de celle-ci, à la communauté qui a existé entre eux ; qu'en conséquence, le mari n'est pas recevable à se prévaloir de cette renonciation pour se refuser à l'acquit des droits de mutation, à raison de la part de la femme dans la communauté, qu'il a recueillie dans sa succession ; sous prétexte que, par l'effet de cette renonciation, sa femme n'a plus eu aucun droit dans les biens de la communauté, qui, dès lors, lui appartiennent en propre et non à titre successif. (S. 1842. 1. 193. — P. 1842. 1. 405.)

Le recueil Sirey accompagne la décision du tribunal de Lyon des observations suivantes : « C'est une question neuve en doctrine et en jurisprudence que celle de savoir si le mari, héritier de sa femme, peut, du chef de celle-ci, renoncer à la communauté qui a existé entre eux. On conçoit d'ailleurs que cette question n'est pas de nature à se présenter souvent, car le mari n'a, dans l'ordre civil, aucun intérêt à faire une telle renonciation qui, en affranchissant la femme ou sa succession de l'obligation de concourir au payement des dettes de la communauté, la mettrait tout entière à sa charge, puisqu'alors il en serait tenu comme mari, au lieu de n'être tenu comme héritier. La renonciation du mari, du chef de la femme, ne présente donc d'intérêt que sous le rapport de l'application de la loi fiscale. » (S. 1865. 2. 274.)

On peut encore consulter dans le même sens un autre arrêt de la Cour de Cassation du 26 novembre 1849 qui a décidé que le mari légataire universel de sa femme ne peut du chef de celle-ci renoncer à la communauté ; qu'en conséquence, nonobstant la renonciation du mari, la part revenant à la femme dans la communauté doit être réputée faire partie de sa succession, et donne lieu au droit de mutation par décès. (P. 1850. 1. 580.)

39. Legs universel d'usufruit. — Acceptation expresse. (*Manuel*, nos 568 et suiv., 2e édit.) — Celui qui après avoir été institué légataire universel de l'usufruit d'une succession, a non-seulement pris dans l'inventaire la qualité de légataire, mais encore a obtenu en cette qualité la délivrance de l'actif mobilier, doit être considéré comme ayant accepté expressément le legs à lui fait, et ne peut, dès lors, s'affranchir, en y renonçant ultérieurement, du payement des droits de mutation y relatifs.

Ainsi décidé par le tribunal de Castel-Sarrazin le 27 décembre 1856, (*J. Pal.*, *Bull. d'Enregistrement*, Art. 395.) — V. Anal. Trib. de Blois, 5 août 1851 et 18 décembre 1852 (*Manuel*, no 571) : et Cass. 7 mars 1855; (*J.*, *Pal.* t. 2. 1856, p. 313.)

40. Legs de sommes d'argent payables sans intérêts au décès du légataire universel. — Usufruit. (*Manuel*, nos 629 et suiv., 2e édit., et nos 348 et suiv., 1re édit.) — Lorsque le légataire universel est chargé par le testament de legs particuliers de sommes payables sans intérêts à un terme fixe ou incertain comme son décès, ou bien le décès, le mariage, la majorité d'un tiers, la Régie est-elle fondée à lui réclamer un droit particulier de mutation pour usufruit sur le montant de ces legs ?

On a longtemps agité la question de savoir si le legs particulier d'une somme d'argent payable sans intérêts, au décès du légataire universel, constituait ou non une charge de la succession du testateur ou du légataire universel; mais aujourd'hui la jurisprudence semble se fixer en ce sens que le legs particulier ne peut être considéré comme une charge de la succession du légataire universel, le légataire particulier ayant été directement saisi, à partir du jour du décès du testateur, du legs que celui-ci lui avait laissé.

Il a été consacré en principe, par des arrêts de Cassation des 18 novembre 1835, 6 décembre 1858, 16 et 22 août 1859 et 25 juin 1862, et plus spécialement par la première et la dernière de ces décisions, que les sommes d'argent léguées pour être payées après le décès du légataire universel sans intérêts jusqu'à cette époque, ne peuvent être considérées comme des charges ou dettes de la succession de ce légataire universel et doivent en être distraites pour l'acquittement des droits de mutation ouverts par son décès.

41. Le tribunal de Dinan a décidé, le 13 mai 1864, que les legs de sommes d'argent payables sans intérêts, après le décès du légataire universel, n'opérant qu'une dévolution en nue propriété au profit des légataires particuliers, donnent ouverture, à raison de la jouissance viagère qui en résulte pour l'héritier ou le légataire universel, à un droit de mutation à sa charge sur l'usufruit des sommes léguées. (*Revue du Notariat*, n° 999.)

42. Le tribunal de Vitry-le-François a rendu un jugement dans le même sens le 13 mars 1863. (*Revue du Notariat*, n° 467.)

C'est la consécration de la doctrine de l'instruction générale de la Régie du 15 novembre 1862, n° 2234, § 1er, *in fine*.

Cette instruction porte que le legs de sommes d'argent payables sans intérêts après le décès du légataire universel, constitue un usufruit au profit de ce dernier ; qu'en conséquence il y a lieu d'exiger de l'héritier ou du légataire universel un droit de mutation d'usufruit sur les sommes léguées, dans tous les cas où le légataire particulier de ces sommes n'en sera, au décès du testateur, que nu-propriétaire. (V. *Revue du Notariat*, n° 384, p. 396 à 405; Art. 17601 J. N., et *Jurisp. Not.*, Art. 12305.)

43. Legs de sommes d'argent payables seulement après le décès du légataire universel. (*Manuel*, nos 629 et suiv., 2e édit., et nos 348 et suiv., 1re édit.) — Le montant des legs de sommes d'argent payables seulement après le décès du légataire universel, et qui ont déjà fait l'objet d'un droit de mutation lors du décès du testateur, doit être déduit de l'actif de la succession dudit légataire, pour la liquidation et le payement des droits de mutation auxquels cette succession donne ouverture.

Ainsi décidé par le tribunal de la Seine le 16 février 1861. (*J. Pal.*, *Bull. d'enregistrement*, art. 693).

Cette décision ne fait que se conformer à l'interprétation que, par son arrêt du 10 novembre 1835, la Cour de cassation a donnée de l'avis du Conseil d'Etat du 10 septembre 1808 et qu'elle a adoptée par de nouveaux arrêts, notamment par ceux des 16 et 22 août 1859 et 25 juin 1862, précités. — V. dans ce sens Dict. Not., v° *Legs*, n° 464, 4e édit., et *Rép. Gén. Pal.*, v° *Enregistrement*, n° 3150.

44. Le tribunal de Domfront a décidé, le 25 novembre 1864, qu'au cas de legs universel portant uniquement sur un domaine, sans aucunes valeurs mobilières, la disposition par laquelle le testateur met à la charge du légataire universel des legs de sommes payables sans intérêts après son décès, ne saurait être considérée comme constituant, au profit de ce même légataire, un usufruit de ces sommes, passible du droit de mutation par décès.

La dame Druet-Desvaux est décédée sans héritiers à réserve, léguant à son mari le domaine de Ray, à charge de servir différentes rentes viagères et d'acquitter les legs particuliers de sommes d'argent s'élevant à 296,000 fr., stipulés payables dans l'année du décès du sieur Druet-Desvaux, sans intérêts. — Le domaine de Ray a été évalué, sans contestation, comme produisant un revenu de 16,000, fr., au capital de 320,000 fr. ; et le sieur Druet-Desvaux a payé le droit de mutation d'après cette base. — Mais, ultérieurement, l'administration a réclamé de lui un nouveau droit, comme ayant été investi, en réalité, par la dispense d'intérêts stipulée en sa faveur, de l'usufruit des 296,000 fr. de legs particuliers.

Le tribunal : — Considérant que la question soumise au tribunal est celle de savoir si Druet-Desvaux, devenu propriétaire du domaine de Ray, devait les droits de mutation sur la pleine propriété de ce domaine seulement, ou s'il devait être considéré comme usufruitier de la somme de 296,000 fr., léguée à divers, et payable après son décès, et, par suite, être tenu d'acquitter les droits sur cet usufruit ; — Considérant que, d'après la loi de frimaire an 7, le droit est dû pour toute transmission de propriété, mais n'est dû qu'une fois sur chaque transmission ; que ce principe est encore consacré par l'avis du Conseil d'État du 10 sept. 1808 ; — Considérant que la seule chose transmise à Druet-Desvaux est la pleine propriété du domaine de Ray, sans valeur mobilière ; que, dès lors, les 296,000 fr. de legs particuliers ne sont pas un démembrement de la chose léguée à Druet-Desvaux, sur lequel un usufruit puisse être perçu, mais simplement une charge du legs qui lui a été fait ; — Considérant, en fait, que la valeur du domaine de Ray a été fixée sans conteste à 320,000 fr. ; que le droit dû par Druet-Desvaux, d'après l'art. 53 de la loi du 28 avril 1816, devait être calculé à 3 p. 100, et s'élevait à 10,560 fr., décime compris ; qu'il est justifié et reconnu qu'il a payé cette somme, sauf l'imputation qui a été faite des droits payés par les légataires particuliers : d'où suit que Druet-Desvaux s'est complétement libéré ; — Considérant que l'arrêt de la Cour de cassation du 25 juin 1862, invoqué contre Druet-Desvaux, a été rendu dans un procès où les valeurs léguées se trouvaient effectivement dans la succession du testateur, et est, dès lors, inapplicable à la cause,— Par ces motifs, etc.

Par solution du 31 juillet 1865, l'administration a ordonné l'exécution de ce jugement par les motifs suivants :

La question de savoir si le legs de sommes d'argent, payable *sans intérêts* après le décès du légataire universel, constitue un usufruit au profit de ce dernier, est délicate et controversée : il résulte d'un arrêt de la Cour de cassation du 25 juin 1862 (Instr. 2234), que les sommes d'argent léguées à titre particulier, qui n'ont pu être payées avant le décès du légataire universel, ou qui ont été stipulées payables sans intérêts après ce décès, doivent être déduites de la succession du légataire universel pour la perception du droit de mutation; la Cour, pour justifier cette décision énonce, dans un des considérants de l'arrêt, qu'au décès du légataire universel, *l'usufruit dont i avait joui s'était réuni à la nue propriété et que sa succession ne s'est réellement composée que du surplus des biens à lui laissés.* Néanmoins, il est peut-être difficile de soutenir, en thèse générale, que *toutes les fois* que les legs particuliers sont payables, sans intérêts, après le décès du légataire universel, celui-ci doit être considéré comme usufruitier des sommes léguées. Il paraît nécessaire de distinguer entre les dispositions du testament qui, sans créer expressément un usufruit, confèrent cependant au légataire universel tous les droits d'un usufruitier, et celles qui n'accordent vraiment à l'héritier qu'un terme pour se libérer.

Au cas particulier, le tribunal fait ressortir que les sommes léguées à titre particulier ne se trouvent pas effectivement dans la succession qui ne comprend qu'un domaine, sans aucune valeur mobilière; que, dès lors, les 296.000 fr. de legs ne sont pas un démembrement de la chose léguée à M. Druet-Desvaux, mais simplement une *charge* du legs qui lui a été fait. Cette considération ne manque pas d'importance: dans l'espèce qui a donné lieu à l'arrêt du 25 juin 1862, les valeurs payables, sans intérêts, au décès du légataire universel, se trouvaient, *en nature*, dans la succession du testateur. La jouissance des intérêts des sommes léguées a dû paraître constituer un démembrement de la propriété de ces mêmes sommes, c'est-à-dire un usufruit au profit du détenteur ; ici les sommes léguées n'existent pas. (S. 1866 2 130. P 1866. 194.)

45. Legs particulier d'une somme d'argent payable un an seulement après le décès du légataire universel. (*Manuel*, n° 678, 2e édit.) — Le legs particulier d'une somme d'argent payable un an seulement après le décès du légataire universel, sans intérêts et sans qu'aucune caution ou hypothèque puisse être exigée pour en assurer le payement, doit être considéré comme une charge de la succession dudit légataire, et, dès lors, il n'y a pas lieu de le déduire de l'actif de cette succession pour la perception des droits de mutation qu'elle entraîne.

Il en est ainsi du moins, lorsque aucun droit pour usufruit de ladite somme n'a été acquitté par le légataire universel.

Ainsi décidé par le tribunal de la Seine le 28 mars 1855. (*J. Pal.*, *Bull. d'enregistrement*, art. 372.)

Cette décision a été confirmée par arrêt de rejet de la Cour de cassation du 17 février 1857, qui a fait l'objet d'une instruction générale de la Régie, n° 2896, § 9.

Il avait été jugé de même à l'égard de la donation entre-vifs d'une somme d'argent payable seulement après le décès du donateur. V. Cass. 31 janvier 1854. (*J. Pal.*, t. 1er 1854, p. 289, et la note. V. aussi *Rép. gén.*, *Journ. Pal.*, v° *Enregistrement*, nos 454 et 3066.)

46. Legs. — Survie de la veuve légataire universelle de son mari. — Somme à distribuer entre les divers parents du mari. (*Manuel*, 678, 2e édit.) — Lorsqu'une femme mariée sous le régime de la communauté a été instituée légataire universelle de son mari, avec cette disposition qu'au décès de la légataire il serait pris, sur la communauté, une somme déterminée pour être distribuée entre les divers parents du mari, s'ils survivaient à la légataire, cette somme ne doit pas être déduite des valeurs de la succession de cette dernière pour la liquidation des droits de mutation; vainement ses héritiers prétendraient qu'elle n'avait que le dépôt ou l'usufruit de ladite somme.

Ainsi décidé par le tribunal de la Seine le 3 janvier 1857. (*J. Pal. Bull.*, *d'enregistrement*, art. 422.)

Cette décision a été confirmée par arrêt de rejet de la Cour de cassation du 20 janvier 1858. V. *Rép. pér.* de M. Garnier, art. 981. — V. dans le même sens les décisions rappelées sous le n° précédent et *Manuel*, n° 678, 2ᵉ édit.

47. Legs. — Usufruit. — Nue-propriété. — Condition. — résolution. — Omission — Droit en sus. — Bonne foi. — Lorsque la disposition par laquelle l'usufruit de certains immeubles est légué à un mineur porte que la pleine propriété appartiendra au légataire s'il atteint sa majorité, et que, s'il ne l'atteint pas, cette pleine propriété appartiendra aux héritiers légitimes du testateur, ces héritiers se trouvent investis, sous une condition résolutoire, de la nue propriété desdits immeubles à partir du décès de leur auteur, et sont tenus, par conséquent, de comprendre cette nue propriété dans la déclaration de la succession.

S'il y a eu omission à cet égard, lesdits héritiers sont passibles d'un droit en sus, auquel ils ne sauraient échapper en excipant de ce qu'ils n'ont pas eu l'intention de frustrer le Trésor, la bonne foi ne pouvant, en pareille matière, être invoquée comme une excuse.

Ainsi décidé par le tribunal de Rennes le 13 juin 1860. (*J. Pal.*, *Bull. d'Enreg.*, art. 643.)

Mais si la nue propriété et l'usufruit des immeubles eussent été légués en même temps au mineur, sauf le droit de résolution au profit des héritiers pour le cas où le légataire viendrait à décéder avant d'avoir atteint sa majorité, les héritiers, au cas de décès du mineur, n'auraient été tenus de faire la déclaration de la nue propriété et de l'usufruit légués que dans les six mois qui auraient suivi ce décès. V. Déc. min. fin. 22 avril 1806; Délib. 11 octobre 1831; MM. Championnière et Rigaud, *Traité des droits d'enreg*, t. 4, n° 3861.; Rép. gén. Palais, v° *Enregistrement*, n°ˢ 2949 et 4221. et *Manuel*, n°ˢ 152 et 157, 2ᵉ édit.

48. Legs de sommes non existant en nature

— **Immeubles étrangers**. (*Manuel*, nos 670 et suiv. 2e édit.) — Lorsqu'une succession grevée de legs de sommes d'argent comprend des valeurs françaises et des immeubles étrangers, le droit de mutation exigible sur les legs ne saurait dépasser l'importance des valeurs françaises.

Ainsi décidé par le tribunal de Belfort le 3 février 1863. (Art. 1901, *Rép. pér.* de M. Garnier.)

Peu de matières ont donné lieu, en droit fiscal, à plus de controverses que les legs de sommes non existant en nature dans la succession. V. sur cette matière le *Rép. gén.*, art. 13306, et art. 1901 du *Rép. pér.* de M. Garnier.

49. Legs particuliers de sommes d'argent. — Cession de tous ses droits successifs par un héritier ou légataire universel. — Prédécès avant le payement des legs. (*Manuel*, nos 629 et suiv., 2e édit., et nos 348 et suiv.; 1re édit.)—Les legs particuliers de sommes d'argent sont acquis directement aux légataires particuliers, sans que la propriété en ait un instant reposé sur la tête de l'héritier ou légataire universel. Si donc ce dernier décède avant le payement des legs, il y a lieu d'en déduire le montant des valeurs de sa succession pour liquider le droit de mutation par décès.

Et les mêmes principes sont applicables à la succession de celui auquel l'héritier ou le légataire universel a cédé tous ses droits successifs.

Ainsi décidé par la Cour de cassation le 29 novembre 1865. (S. 1866. 1. 29. — P. 1866. 45.)

La Cour de cassation a reconnu, par trois arrêts des 16, 22 août 1859 et 25 juin 1862, que les sommes d'argent léguées à titre particulier, non encore payées au décès de l'héritier ou du légataire universel, ou déclarées par le testateur payables seulement après ce décès, ne forment pas un des éléments imposables de la succession de l'héritier ou du légataire universel.

La Cour, par l'arrêt du 29 novembre 1865, a donc décidé, avec raison, que le cessionnaire des droits successifs représentait l'héritier, et qu'à son décès, il faut opérer les mêmes distractions que s'il s'agissait de la mort du cédant lui-même.

50. Légataire universel. — Payement des droits sur toutes les valeurs de la succession. — Supplément de droits à la charge des légataires particuliers. (*Manuel*, n° 144, 2e édit., et nos 44 et 53, 1re édit.) — Bien que la déclaration de toutes les valeurs de la succession et le payement des droits aient été faits par le légataire universel, mais sans mentionner les legs particuliers, les légataires particuliers qui n'ont pas renoncé à leurs legs sont tenus, alors même qu'ils n'en auraient pas encore obtenu la délivrance de passer déclaration pour ces legs et d'acquitter le complément de droits qui peuvent être dus à raison de leur degré de parenté avec le défunt.

Ainsi décidé par le tribunal de la Seine le 1er février 1862. (*J. Pal.*, *Bull. d'enregistrement*, art. 786.)

Tout légataire est tenu de payer, dans les six mois du décès, le droit de mutation, ou de renoncer à son legs. Cass. 4 février 1812. V. MM. Championnière et Rigaud, *Tr. des dr. d'enreg.*, t. 3, n° 2553 ; Garnier, *Rép. gén. de l'enreg.*, v° *Succession*, n° 12,500, et *Rép. gén. Pal.*, v° *Enregistrement*, n° 3237.

51. Legs de rente viagère servie par le légataire de l'usufruit, et en cas de prédécès de celui-ci, continuée par l'héritier. — Lorsqu'en léguant une rente viagère, le testateur a exprimé la volonté qu'elle fût servie par le légataire de l'usufruit et a ajouté qu'elle serait payée par l'héritier dans le cas où le légataire de l'usufruit décéderait avant celui de la rente, le legs de rente viagère grevant la succession tout entière et n'étant pas une charge spéciale et exclusive de l'usufruit, doit être distrait de la valeur de la succession pour la liquidation du droit de mutation à la charge de l'héritier.

Ainsi décidé par la Cour de cassation le 19 mars 1866 :

Attendu qu'il résulte de la disposition testamentaire que le legs de la rente viagère grève la succession tout entière et qu'il n'est pas une charge spéciale et exclusive de l'usufruit ; — Attendu que ce legs, dont la valeur se détermine par dix annuités de la rente viagère, doit être assimilé aux legs de sommes qui, d'après l'avis du Conseil d'État du 10 septembre 1808, doivent être distraits de la valeur totale de la succession, afin de régler le droit de mutation que les héritiers institués doivent payer pour le surplus des biens qu'ils sont appelés à recueillir. (Jurisp. Not., art. 13049; art. 2250, *Rép. pér.* de M. Garnier.)

La *Jurisprudence du Notariat* en rapportant cette décision la fait suivre des observations suivantes qui nous paraissent fort justes :

« Ainsi que cet arrêt l'énonce, le principe consacré par l'avis du Conseil d'État des 2-10 septembre 1808, qui inséré au *Bulletin des lois* (V. *Manuel*, n° 658, 2ᵉ édit.), a acquis force législative, s'applique aux legs de rentes et pensions viagères, et, par conséquent, le capital de ces rentes doit être distrait de l'actif de la succession pour l'acquit des droits de mutation. C'est ce qui résulte d'arrêts de cassation des 8 septembre 1808, 23 septembre 1811, 17 mars 1812 et 24 mai 1813. La Régie a d'ailleurs adhéré à cette jurisprudence par une instruction du 22 avril 1812. (V. Rolland de Villargues, Répertoire, v° *Mutation par décès* (*droit de*), nᵒˢ 385 et 386.)

» Lorsque la nue propriété et l'usufruit sont recueillis par des personnes distinctes, le legs de la rente viagère doit être acquitté par le légataire de l'usufruit (art. 610 C. Nap.), s'ensuit-il que, dans ce cas, le capital, de la rente doive, être déduit seulement de la valeur de l'usufruit pour la liquidation des droits de mutation par décès? Oui, sans doute, si le service de la rente a été mis exclusivement à la charge du légataire de l'usufruit, car dans cette hypothèse, la rente doit cesser d'être payée au moment où l'usufruit prendra fin et le légataire de cette rente n'a d'hypothèque que sur l'usufruit. Mais lorsque, comme dans l'espèce de notre arrêt, la rente viagère doit être payée au légataire jusqu'à son décès, elle n'est plus subordonnée à la durée de l'usufruit. Le légataire de la rente a hypothèque sur tous les fonds de la succession (art. 1017 C. Nap.), et s'il survit à l'usufruitier, il recevra des mains de l'héritier les arrérages de sa rente. Le legs de la rente viagère étant dès lors, non pas seulement une charge de l'usufruit, mais une charge de la succession, c'est sur la masse entière de l'hérédité que le capital doit en être imputé pour l'acquit des droits de mutation. C'est ce qui a été décidé avec toute raison par l'arrêt ci-dessus. »

52. Partage. — Usufruit converti en pleine propriété. — Base pour la perception des droits

de mutation par décès. (*Manuel*, n° 743, 2e édit., et n° 402, 1re édit.) — L'acte par lequel, en partageant une succession dévolue pour partie à un donataire en usufruit, les héritiers et le donataire convertissent cet usufruit en une portion de pleine propriété, d'après l'évaluation qu'ils donnent à l'usufruit, a les caractères du partage auquel l'effet déclaratif et rétroactif est attaché par la loi. En conséquence, cet acte n'est pas passible d'un droit particulier sur la donation d'usufruit, en sus du droit de mutation sur les biens en pleine propriété dont l'abandonnement est fait au donataire ; la perception de ce dernier droit est seule autorisée par la loi.

Ainsi décidé par la Cour de cassation le 4 janvier 1865. (S. 1865. 1. 96. — P. 1865. 179. Jurisp. Not., art. 12728 ; art. 18191. J. N.).

D'après la jurisprudence, les partages, à raison de leur effet purement déclaratif, fixent les droits des parties et doivent être pris pour base de la perception des droits de mutation, lorsque le partage a eu lieu antérieurement à la déclaration de succession. Dans ce cas, le copartageant est réputé, même à l'égard de la Régie, avoir été *ab initio* propriétaire de ceux des biens du défunt qui composent son lot. C'est ce qu'ont décidé notamment les arrêts de la Cour de cassation des 16 juillet 1823 et 11 mars 1851.

La doctrine de l'arrêt du 4 janvier 1865 est conforme à celle d'autres arrêts des 16 juin 1824 et 8 août 1836. Il résulte de l'arrêt du 16 juin 1824, que, lorsque les héritiers d'une femme qui a légué à son mari tout ce dont la loi lui permettait de disposer en sa faveur, en propriété et en usufruit, renoncent à l'usufruit de ce qui leur revient dans la succession, et qu'en retour le mari renonce à la nue propriété des biens qui lui ont été légués, ce n'est là qu'un mode de partage, qui ne donne ouverture à aucun droit proportionnel d'enregistrement.

L'arrêt du 8 août 1836 a décidé que l'acte par lequel la femme commune en biens et donataire en usufruit d'une quotité des biens de son mari, abandonne à ses enfants sa part de communauté et son usufruit, et reçoit par contre de ceux-ci en pleine propriété des valeurs mobilières et immobilières de la succession de leur père, doit être considéré comme un partage, soumis seulement au droit fixe d'enregistrement ; qu'on ne peut y voir une cession de valeurs mobilières ni un échange d'immeubles, passible du droit proportionnel.

La jurisprudence de la Cour de cassation paraît donc être fixée en ce sens, que lorsqu'il y a indivision de propriété et de jouissance entre un époux survivant et les héritiers de l'autre époux, l'acte qui attribue à l'époux une quotité en pleine propriété, pour tenir lieu de son usufruit et réciproquement, est un simple partage sujet seulement au droit fixe d'enregistrement; et que, par une conséquence nécessaire que consacre l'arrêt du 4 janvier 1865, cet acte, s'il est antérieur à la déclaration de la succession du conjoint prédécédé, doit servir de base à la perception des droits de mutation par décès. (V. art. 18191 J. N.)

53. — Prise de possession de fait. — Absent. — Vente d'immeubles. (*Manuel*, n° 69, 2e édit.) — La vente d'immeubles appartenant à un absent par l'un de ses héritiers déclarant agir en qualité de légataire universel, prouve suffisamment que cet héritier a pris possession de la succession de l'absent, et, par suite, le rend passible du droit de mutation par décès dû pour cette succession.

Ainsi décidé par le tribunal de Pau le 22 janvier 1859. (*J. Pal.*, *Bull. d'enreg.*, art. 540.)

Jugé que la prise de possession de la succession d'un absent par ses héritiers, même bénéficiaires, suffit pour autoriser l'administration de l'enregistrement à exiger d'eux le payement des droits de mutation par décès ; et que cette prise de possession est suffisamment justifiée par l'exploit de demande en partage formée par l'un des héritiers contre ses cohéritiers. Cass. 5 novembre 1821. — En pareil cas, il y a présomption suffisante du décès de l'absent, et l'administration n'est pas tenue de rapporter la preuve de ce décès. Cass. 30 avril 1821 et 2 juillet 1823. — V. MM. Championnière et Rigaud, *Tr. des droits d'enregistrement*, t. III, n° 2542, et *Rép. gén. Pal.*, v° *Enregistrement*, n° 2888.

54. — Prise de possession de fait. — Marin. — Disparition. — Lorsqu'après disparition d'un marin et à la suite d'un acte de notoriété constatant la presque certitude de son décès, sa femme a, en son nom personnel, et comme tutrice de ses enfants mineurs, touché de l'administration de la marine une somme revenant à son mari en qualité de capitaine d'un navire de commerce, cette femme est tenue, dans les six mois d'une pareille prise de possession, d'acquitter les droits de mutation par décès sur les biens laissés par son mari disparu.

... Et cela sans que l'administration soit tenue de rapporter la preuve légale du décès, ou indépendamment de tout envoi en possession provisoire ou définitive par suite de déclaration d'absence.

Ainsi décidé par le tribunal de Bayonne le 21 mai 1862. (*J. Pal.*, *Bull. d'enreg.*, art. 824.) — V. dans le même sens : Cass., 22 juin 1808, 30 avril 1821, 2 juillet 1823 ; tribunal de Pau 22 janvier 1859, et *Rép. gén. de l'enreg.*, v° *Absence-absent*, n°s 80 et suiv., de M. Garnier.

55. — Prise de possession de fait. — Délai pour la déclaration de succession. — Le délai pour faire la déclaration de succession d'un absent, et, par suite, la prescription des droits de mutation, ne court qu'à partir de l'acte qui constate la prise de possession des biens de l'absent par ses héritiers ou du jour du jugement qui constate son décès.

Ainsi décidé par le tribunal de Mauriac le 15 novembre 1855. (*J. Pal.*, *Bull. d'enreg.*, art. 570.) — V. Cass., 9 novembre 1819 et 2 avril 1823 qui décide que le délai pour faire la déclaration de succession d'un absent court du jour du jugement qui enverrait ses héritiers en possession, même provisoire, de ses biens. V. aussi *Dict. not.*, v° *Absence*, n° 476, et *Rép. gén. Journ. Pal.*, v° *Enregistrement*, n° 2943.

56. — Régime dotal. — Succession du mari. — Dot à restituer. — Dettes et charges. — (*Manuel*, n° 629, 2e édit., et n° 140, 1re édit.) Les héritiers du mari, qui sous le régime dotal est un véritable usufruitier de la dot de sa femme, et soumis, après son décès, à la restitution de cette dot, sont fondés à en déduire le montant de l'actif laissé par le défunt pour la liquidation du droit de mutation. Ce n'est pas là une des charges que l'art. 15, n° 7, de la loi du 22 frim. an 7 interdit de déduire.

Ainsi décidé par le tribunal de la Seine le 17 juin 1865. (S. 1866. 2. 162. P. 1866. 606. Dalloz. P. 1866. 3. 64. Garnier, *Rép. pér.*, art. 2124.)

Cette décision nous semble bien rendue. C'est la confirmation de la doctrine admise par la Cour de cassation. Par arrêt du 6 décembre 1858, cette Cour a décidé que le donataire en usufruit d'une somme d'argent qui, à son décès, doit être remise à un donataire en nue propriété de la même somme, ne peut être considéré comme propriétaire de cette somme, laquelle dès lors, à son décès, doit, pour la fixation des droits de mutation, être distraite de sa succession. Le mari, qui sous le régime dotal a seul le droit d'administrer les biens dotaux et d'en percevoir les revenus, en est véritablement usufruitier.

La thèse contraire, soutenue par l'administration de l'enregistrement, détournait, d'une manière évidente, de sa véritable portée, la doctrine que les chambres réunies ont adoptée en matière de reprises dotales après une si longue controverse, doctrine d'après laquelle, vis-à-vis des tiers, la femme renonçante n'exerce ses reprises que comme créancière (16 janvier 1858.)

A l'appui de la doctrine du présent jugement, V. une dissertation de M. Pont, *Revue du notariat*, 1862, p. 333 et suiv. V. aussi la savante dissertation de M. Garnier, *Rép. pér.*, art. 2124.

57. Renonciation frauduleuse à une donation entre époux. Preuve. (*Manuel*) n° 559, 2e édit., — Lorsqu'une veuve renonce à la donation et au legs qui lui ont été faits par son mari, et que, le même jour, elle donne à ses enfants des immeubles d'un revenu de 200 fr. moyennant une rente viagère de 390 fr., on ne peut pas dire que la renonciation ait été frauduleuse et que le prix en soit compris dans les charges de la donation, si, eu égard à l'âge de la donatrice, la rente viagère n'est pas supérieure, en capital, à la valeur des immeubles.

Ainsi décidé par le tribunal de Beaune le 25 août 1864. (Art. 3004, *Rép. pér.* de M. Garnier.)

Un arrêt de la Cour de cassation, en date du 27 mars 1855, a posé en principe que, si la renonciation soit de l'époux survivant à ses avantages matrimoniaux ou à la communauté, soit des héritiers à la succession à laquelle ils sont appelés, est l'exercice d'un droit légal qui ne peut être critiqué par l'administration, même alors que cette renonciation est faite pour éviter le payement des droits de mutation, c'est à la condition que la renonciation aura été pure et simple, et sans aucune stipulation de nature à en faire un acte onéreux.

Or, la question de savoir si une renonciation est sincère ou bien si elle provient d'un pacte frauduleux destiné à soustraire le renonçant au payement de l'impôt sans lui faire perdre le bénéfice de sa donation, dépend des circonstances de chaque affaire. Les tribunaux ont rendu sur cette matière de nombreuses décisions. V. *Manuel*, nos 552 à 576.

58. Renonciation frauduleuse à une succession. — Echange d'un immeuble (*Manuel*, nos 552 et suiv. 2e édit.; et nos 314 et suiv. 1re édit.) — La renonciation à une succession ne peut avoir pour effet d'affranchir l'héritier du payement des droits de mutation par décès, lorsque, dans un acte postérieur, l'héritier consent, en cette qualité, à l'échange d'un immeuble de la succession. En pareil cas, la renonciation doit être réputée frauduleuse.

Ainsi décidé par la Cour de cassation le 17 janvier 1866. (S. 1866. 1. 121. P. 1866. 295.)

59. Succession. — Renonciation frauduleuse. (*Manuel*, n° 552, 2e édit., et n° 314, 1re édit.) — Lorsqu'une succession est échue à deux enfants dont l'un est décédé avant d'avoir accepté l'hérédité, laissant pour héritiers l'autre enfant et son père, la renonciation de ceux-ci à la succession de l'enfant décédé, intervenue dans le but de faire accroître la moitié recueillie par cet enfant à l'enfant survivant, et d'éviter ainsi le droit de mutation afférent à la transmission à laquelle il a été renoncé, peut être annulée comme frauduleuse, s'il est constaté, en fait, que l'enfant survivant n'a pas usé du bénéfice de l'accroissement résultant en sa faveur de cette renonciation, et que le père a pris sa part dans la succession répudiée.

En conséquence, l'administration de l'enregistrement est fondée à réclamer le droit de mutation exigible sur la renonciation qui a fait l'objet de la répudiation dont le caractère frauduleux a été ainsi établi.

Ainsi décidé par la Cour de cassation le 17 janvier 1866. (Dalloz, P. 1866. 2. 208 ; art. 2232. *Rép. pér.* de M. Garnier.

L'héritier qui trouve dans la succession par lui recueillie une autre succession échue à son auteur et non encore acceptée, succession à laquelle il serait arrivé directement au cas de renonciation, comme cohéritier ou comme héritier du degré subséquent, peut y renoncer du chef de son auteur, pour s'exonérer du droit de mutation afférent à ce dernier. En cela, il use d'une faculté légale dont les conséquences doivent être subies par l'administration de l'enregistrement, alors même qu'il serait manifeste que le redevable l'a exercée dans l'unique but d'échapper au payement de l'impôt par une voie détournée. Dès que l'expédient, envisagé en lui-même, est licite et sincère la Régie n'est pas recevable à se plaindre du préjudice qu'elle peut en éprouver. (Cass. 2 mai 1849.)

Mais, quand la renonciation n'est pas sincère, elle doit être reputée non existante, et, dès lors, elle ne produit plus la vocation directe. V. dans ce sens Cass. 27 mars 1855. et 17 août 1863.

Le caractère simulé de la renonciation ne peut être établi qu'à l'aide d'actes émanés du renonçant lui-même. Cass. 15 mars 1860. D. P. 1860. 1. 118 et 120.)

60. — Gains de survie. — Usufruit. — Renonciation simulée. *Manuel*, nos 552 et suiv., 2e édit., et no 314, 1re édit.) — La renonciation qu'une veuve a faite par acte notarié, à l'usufruit stipulé en sa faveur dans son contrat de mariage à titre de gain de survie, ne peut être réputée sincère lorsque, dans des actes postérieurs passés avec ses enfants, cette veuve a déclaré se réserver ce même usufruit ou y renoncer en faveur de l'un d'eux, et, dès lors, ne saurait avoir pour effet de dispenser ladite veuve de faire porter sa déclaration relative à la succession de son mari sur l'usufruit dont il s'agit.

Ainsi décidé par le tribunal de Castel-Sarrasin le 31 août 1860. (*J. Pal.*, *Bulletin d'enregistrement*, art. 665.)

61. Renonciation à un legs universel. — Déclaration ultérieure. — Erreur. — Restitution de droits. — Le légataire universel qui, après avoir renoncé à son legs par acte au greffe, a, par erreur, signé un mandat pour faire la déclaration de succession, est fondé à réclamer la restitution des droits qu'il a payés par suite de cette déclaration, lorsque, d'une part, il résulte des actes ultérieurs de liquidation et de partage que sa renonciation a été sincère et que, d'autre part, la Régie ne prouve pas qu'elle ait été faite en fraude des droits du fisc.

Ainsi décidé par le tribunal de la Seine 11 février 1860. (*J. Pal. Bull. d'enreg.* art. 658). — V. déc. min. fin., 12 avril 1808, Instr. 29 juin 1808, n° 386, § 30 ; et *Rép. gén. Pal.*, v° *Enregistrement*, n° 4424.

62. — Rente viagère. — Legs conjoint. — Prédécès d'un époux. — Réversion. (*Manuel*, n° 361, 2e édit., et n° 228, 1re édit.) — Lorsque, par divers actes de vente, deux époux ont, pendant l'existence de leur communauté, aliéné, sous leur garantie solidaire, des capitaux et des immeubles qui en dépendaient, moyennant des rentes viagères constituées sur la tête de l'un et de l'autre, avec stipulation expresse qu'elles ne seront pas réduites au décès du prémourant, on ne peut voir dans cette stipulation une donation réciproque et éventuelle de la moitié des rentes viagères que le survivant des époux sera appelé à recueillir dans la succession du prémourant. En conséquence, il n'est pas dû un droit de mutation par l'époux survivant, lors du décès de son conjoint, sur le capital de la moitié des rentes viagères.

C'est ce que décide un arrêt de la Cour de cassation chambre civile, du 15 mai 1866 qui rejette le pourvoi de la Régie contre un jugement du tribunal de Rennes du 26 août 1863. Cette importante décision est conforme à la doctrine des jugements du tribunal d'Yvetot du 18 août 1863, de Château-Thierry du 12 mars 1864, et de Vitry-le-François du 15 avril 1863, rendus dans des espèces semblables à celle du jugement précité du tribunal de Rennes.

On remarquera que, dans les motifs de cette importante décision, la Cour de cassation a pris soin de distinguer l'espèce actuelle de celle d'une vente faite moyennant une rente viagère stipulée réversible, au décès du vendeur, sur un tiers qui n'en a pas fourni les fonds. Il résulte, en effet, d'un arrêt des chambres réunies, du 23 décembre 1862, que dans ce dernier cas, la clause de réversibilité de la rente au profit du tiers, constitue une libéralité ajoutée au contrat à titre onéreux et qui n'en est pas une dépendance nécessaire ; qu'en conséquence il est dû sur l'acte de vente le droit fixe de 5 francs pour donation éventuelle, et qu'au décès du vendeur, le tiers qui a recueilli la rente viagère doit acquitter le droit de mutation pour la réversion opérée à son profit.

Voici le texte de l'arrêt de la Cour suprême :

Attendu que par divers contrats de vente, les époux Briand ont, pendant l'existence de leur communauté, aliéné, sous leur garantie solidaire, des capitaux et des immeubles qui en dépendaient, moyennant des rentes viagères constituées sur la tête de l'un et de l'autre, avec stipulation expresse qu'elles ne seraient pas réduites au décès du prémourant; — Qu'il n'en est pas de ce cas comme de celui d'une vente faite moyennant une rente viagère, stipulée réversible, au décès du vendeur, sur un tiers qui n'en a pas fourni les fonds; — Qu'il y a sans doute, dans cette clause de réversibilité de la rente au profit du tiers, une libéralité ajoutée au contrat à titre onéreux et qui n'en est pas une dépendance nécessaire; — Mais qu'il en est autrement dans l'espèce actuelle; — Qu'on ne peut voir, dans la stipulation relative aux rentes viagères, une donation réciproque et éventuelle de la moitié de ces rentes que le survivant des époux Briand aurait été appelé à recueillir dons la succession du prédécédé; — Que le prix stipulé tout entier au profit du dernier vivant desdits époux est un des éléments de la vente des choses qui leur appartenaient en commun; — Qu'il forme une condition sans laquelle ni l'un ni l'autre des conjoints n'auraient consenti aux aliénations et qui ne peut en être séparée; — Que cette convention ne peut donc pas être rangée dans la classe des dispositions indépendantes et ne dérivant pas nécessairement les unes des autres qui ne peuvent, aux termes de l'art. 4 de la loi du 22 frim. an 7, se rencontrer dans le même acte, sans donner ouverture, pour chacune d'elles, à un droit particulier d'enregistrement; — Qu'il suit de là qu'en ordonnant la restitution à Ménard, ayant cause de Pierre-François Briand, des droits payés par ce dernier pour la moitié des rentes dont il s'agit, à raison de la prétendue mutation qui se serait opérée à son profit par le prédécès de la dame Briand, le jugement attaqué n'a pas contrevenu à la loi. — Rejette. (Art. 18526 J. N.; Dalloz, P. 1866. 1. 201; S. 1866. 1. 304; P. 1866. 790.)

On peut consulter, dans le sens de cette décision, un jugement du tribunal de Bressuire du 27 février 1866 (*Jurisp. not.*, art. 13045). V. aussi un jugement du tribunal de Mirecourt du 2 juillet 1865, lequel décide que lorsque deux frères, propriétaires d'immeubles indivis, en ont fait donation à leurs neveux sous la condition de leur servir une rente annuelle et viagère, sans réduction au décès du premier mourant des donateurs et en outre sous la réserve de prendre chacun annuellement dans les biens donnés une contenance déterminée de terre pour la cultiver eux-mêmes, la Régie n'est pas fondée à réclamer du survivant, au décès du prémourant, un droit de mutation pour réversion d'usufruit et de rente viagère. (*Jurisp. not.*, art. 13047.)

La Cour de cassation avait déjà consacré la doctrine de l'arrêt du 15 mai 1866 dans des espèces où il s'agissait de la vente d'un propre du mari, moyennant une rente viagère réversible sur la tête de sa femme. V. Cass. 29 janvier 1850 (S. 1850. 292; — P. 1850. 2. 57; *Manuel*, n° 355, 2ᵉ édit.); 10 mai 1854 (S. 1854. 1. 460. — P. 1854. 2. 10; *Manuel*, n° 357); et 19 août 1857 (S. 1857. 1. 852; P. 1858. 650. *Manuel*, n° 377). L'arrêt actuel ne fait que confirmer cette jurisprudence dans une espèce beaucoup plus favorable, puisqu'il s'agissait de la vente de biens dépendant de leur communauté, lors de laquelle les deux époux covendeurs ont, par conséquent, stipulé ou sont censés avoir stipulé dans leur intérêt personnel. — Mais la solution est toute différente lorsque la rente viagère, formant tout ou partie d'une vente, est stipulé réversible au profit d'un tiers qui était sans qualité pour intervenir au contrat. V. l'arrêt solennel du 23 décembre 1862 (S. 1863. 1. 46. — P. 1863. 243, et *Manuel*, n° 360), par lequel la Cour de cassation a abandonné sa jurisprudence antérieure.

63. Vente (Contrat de). — Rente viagère. — Réversion (*Manuel*, n° 360, 2ᵉ édit.) — L'acte de vente d'immeubles portant que la rente viagère qui en est le prix sera réversible sur la tête d'un tiers étranger à la propriété des biens vendus, contient deux dispositions distinctes : une constitution de rente viagère à la charge de l'acquéreur, et une stipulation de libéralité et de réversibilité de la rente au jour du décès du vendeur. En conséquence, lors du décès du vendeur, le tiers qui a recueilli la rente viagère doit acquitter le droit de mutation pour la réversion opérée à son profit.

Ainsi décidé, le 23 juillet 1866, par la Cour de cassation. (Art. 18566 J. N.)

Cette décision est conforme à l'arrêt des chambres réunies du 23 décembre 1862 (*Manuel*, n° 360). On remarquera qu'elle ne porte point atteinte à la jurisprudence consacrée par l'arrêt du 15 mai 1866 (V. *supra*, n° précédent), et d'après laquelle il n'est point dû de droit de mutation par l'époux survivant, lors du décès de son conjoint, sur la moitié des rentes viagères constituées sur la tête des deux époux et formant le prix de l'aliénation de biens dépendant de leur communauté. Dans cet arrêt du 15 mai 1866, la Cour a pris soin elle-même d'établir expressément la distinction.

64. Rente viagère. — Legs conjoint. — Prédécès. — Réversion. (*Manuel*, n° 361, 2e édit., et n° 228, 1re édit.) — Dans le cas où une rente viagère a été léguée cumulativement au mari et à la femme, il n'est pas dû de droit de mutation au décès du premier mourant, surtout si les époux sont mariés sous le régime de la communauté.

Peu importe que dans un codicille la rente ait été qualifiée de *réversible*, s'il est démontré que cette expression ne correspond pas à la véritable pensée du testateur.

Ainsi décidé par le tribunal de la Seine le 5 mai 1865. (Dalloz, P. 1866. 3. 63; — S. 1866. 2. 97. — P. 1866. 366. — Art. 2152, *Rép. pér.* de M. Garnier.)

Il est de principe qu'au moyen du legs conjoint, les deux légataires ont été également saisis de la totalité du legs.

Il a été reconnu, dans le sens de cette décision, par l'administration de l'enregistrement, que lorsqu'un legs d'usufruit a été fait au profit de deux individus conjointement avec clause qu'après le décès du prémourant, le survivant profitera seul de la jouissance entière de tous les biens, le décès ou la renonciation de l'un des légataires ne donne pas lieu à un droit de mutation, parce que ce n'est pas de celui-ci, mais du testateur lui-même, que l'autre légataire tient la totalité de l'usufruit. (Délibération 9 novembre 1830. V. Dalloz, *Jur. gén.*, v° *Enregistrement*, n° 334.)

65. — Légataire universel. — Renonciation. — Transaction avec l'héritier légitime. (*Manuel*, n° 576, 2e édit.) — Le légataire universel qui, après envoi en possession de l'hérédité, renonce à une portion de son legs et l'abandonne à un héritier qui contestait la validité du testament, n'en doit pas moins le droit de mutation par décès sur l'intégralité des biens dont la propriété a pleinement résidé sur sa tête par suite de son acceptation de la succession.

Si les transactions ont, en général, un caractère simplement déclaratif entre les parties contractantes, il n'en est pas nécessairement de même vis-à-vis de l'administration de l'enregistrement en ce qui touche la perception des droits : à son égard, il y a lieu d'examiner si la transaction ne contient pas de dispositions soumises au droit proportionnel.

La transaction intervenue entre un légataire universel et l'héritier légitime, par laquelle le premier abandonne au second une partie de la succession, moyennant quoi celui-ci renonce à une action en nullité du testament qu'il avait intentée, constitue un contrat commutatif translatif de propriété, passible comme tel du droit de mutation.

Il en est de même, à plus forte raison, de l'acte par lequel le légataire universel, après envoi en possession, reconnaissant la nullité de son legs, abandonne l'entière succession à l'héritier qui attaquait le testament.

Mais le droit dû à raison de tels abandons est le droit de mutation à titre onéreux et non celui à titre gratuit : ces abandons n'ont pas le caractère de libéralité.

Ainsi décidé par la Cour de cassation, chambres réunies, le 12 décembre 1865.

Le Recueil Sirey, en rapportant cet arrêt de la Cour Suprême (S. 1866. 1. 73), reproduit en même temps le remarquable réquisitoire de M. le procureur général Delangle. C'est un document utile à consulter d'autant plus que cet arrêt mettra fin sans doute à une controverse engagée depuis longtemps sur la nature de la transaction au point de vue fiscal.

On peut consulter dans le sens de cette doctrine un arrêt de la Cour de cassation du 26 juillet 1844 qui décide que la transaction par laquelle un légataire universel, investi de la saisine à défaut de l'héritier à réserve et qui a obtenu l'envoi en possession, abandonne aux héritiers naturels du défunt une partie de la succession afin qu'ils ne querellent pas le testament, doit être considérée comme un acte translatif de propriété. (D., P. 1844. 1. 312.)

66. — Un arrêt plus récent de la Cour de cassation du 30 janvier 1866 consacre la même doctrine en décidant que si un légataire universel abandonne aux héritiers *ab intestat* qui lui contestent son titre d'héritier, tout ou partie des biens de la succession, cet acte d'abandon constitue une véritable mutation de propriété par le légataire au profit des héritiers *ab intestat*, puisque ceux-ci reçoivent les biens abandonnés, non comme succédant directement au défunt, mais par la volonté du légataire qui en était légalement saisi et qui n'en conserve pas moins sa qualité d'héritier testamentaire. (Art. 2191, *Rép. pér.* de M. Garnier. Art. 13049, *Contrôleur de l'enregistrement.*)

67. Légataire universel. — Transaction avec le légataire universel dernier institué. (*Manuel* n° 578, 2e édit.) — Si les transactions ont, en général, un caractère simplement déclaratif entre les parties contractantes, il n'en est pas nécessairement de même vis-à-vis de l'administration de l'enregistrement en ce qui touche la perception des droits : à son égard, toute transaction par l'effet de laquelle la propriété ou partie de la propriété est attribuée à celui qui, d'après la loi ou les titres ostensibles, n'était pas le possesseur ou le propriétaire apparent, doit être considérée comme translative, et, à ce titre, passible du droit proportionnel.

Ainsi, la transaction intervenue entre un légataire universel et un autre légataire universel institué par un précédent testament révoqué, aux termes de laquelle le légataire universel dernier institué abandonne au premier une partie de la succession, moyennant quoi celui-ci renonce à une action en nullité du second testament qu'il avait intentée, renferme une véritable translation de propriété, soumise comme telle au droit de mutation.

Ainsi décidé par la Cour de cassation le 11 avril 1866. (S. 1866. 1. 222. — P. 1886. 560.)

Voici le texte de cet arrêt :

La Cour : — Vu les art. 4 et 68, § 1, n° 45, de la loi du 22 frim. an 7 et l'art. 44, n° 8, de la loi du 28 avril 1816; — Attendu que si, aux termes de l'art. 2052 C. Nap., les transactions ont, entre les parties, l'autorité de la chose jugée en dernier ressort, et si, à ce titre, elles ont en général un caractère simplement déclaratif, il n'en est pas nécessairement de même vis-à-vis de l'administration de l'enregistrement; que cela résulte des termes mêmes de l'art. 68, § 1, n° 45, de la loi du 22 frim. an 7, qui n'assujettit au simple droit fixe que les transactions ne contenant aucune stipulation de sommes et valeurs, ni dispositions soumises à un plus fort droit d'enregistrement ; que, dès lors, il y a lieu de considérer comme translative, au point de vue de l'impôt, et passible, à ce titre, du droit proportionnel, toute transaction par l'effet de laquelle la propriété en litige est attribuée à celui qui, d'après la loi ou les titres ostensibles, n'était pas le prossesseur ou le propriétaire apparent ;

Attendu, dans l'espèce, qu'après avoir institué son mari légataire universel par testament en date du 3 févr. 1834, la dame Bourcet avait, par un second testament du 15 oct. 1852 portant révocation du précédent, légué tous ses biens à la dame de Marzy, sa sœur et son héritière naturelle, sous la réserve, au profit de son mari, de la propriété ou seulement de l'usufruit de partie de ces biens : qu'ainsi le titre de propriété et de possession était aux mains de la dame de Marzy ; que cette situation a été changée par l'effet de la transaction du 18 août 1860 ; qu'en restreignant volontairement les droits qu'elle tenait d'un titre non annulé judiciairement, et qui, en l'absence de toute décision contraire, devait prévaloir sur celui du sieur Bourcet, la dame de Marzy a consenti, en faveur de ce dernier, un véritable dessaisissement de propriété ; et que les droits qui reposaient sur sa tête n'ont pu passer sur celle du sieur Bourcet sans donner ouverture au droit proportionnel ; — D'où il suit qu'en décidant le contraire, et en jugeant, en conséquence, que l'acte du 16 août n'était passible que d'un simple droit fixe, le jugement attaqué a faussement appliqué et par suite violé les dispositions de loi ci-dessus visées ; — Casse, etc.

Il convient de remarquer que dans l'espèce du nouvel arrêt le légataire universel qui renonçait à une partie de la succession n'avait point été envoyé en possession.

Cette solution est conforme à l'arrêt solennel du 12 décembre 1865 (*supra*, n° 65). V. sur cette question MM. Championnière et Rigaud, *Tr. des dr. d'enreg.*, t. 2, n°s 602 et suiv. ; Pont et Rodière, *Contr. de mar.*, t. 2, n° 758 ; Valette, *Revue de législation*, t. 2, p. 216 ; Pont, *Supplément au Traité des droits d'enregistrement*, t. 6, n°s 27 et suiv., et *Revue crit.*, t. 2, p. 143 ; Rolland de Villargues, v° *Transaction*, n°s 105 et suiv. ; Demante, *Principes de l'enregistrement*, n°s 322 à 325 ; Clerc, *Tr. de l'enregistrement*, t. 2, n°s 2543 et suiv. ; Troplong, *Des Transactions*, n°s 7 à 10.

68. Donation. — Réserve d'usufruit. — Réversion. — En cas de donation d'immeubles par deux frères à un tiers, avec réserve à leur profit et au profit du survivant de l'usufruit de la totalité des biens donnés, le survivant est tenu, au décès du prémourant, de passer déclaration de l'usufruit qui lui est advenu et d'acquitter le droit de succession.

Ainsi décidé par le tribunal du Mans le 27 décembre 1850. (*J. Pal.*, *Bull. d'enreg.*, art. 60). — V. dans le même sens, Cass. 8 nivôse an 13; Cass. belge, 29 mai 1851 (*Journ. Pal.*, *jurisprudence belge*, t. 12, p. 362); — Déc. min. fin. 23 septembre 1828; Avis com. fin. 26 novembre 1831. — V. aussi Cass 11 mars 1846 (*J. Pal.*, t. 2, 1846, p. 62).

69 Substitution prohibée. — Exécution. (*Manuel*, n° 636, 2e édition.) — Au cas où une disposition testamentaire contenant une substitution prohibée a été exécutée par le légataire universel vis-à-vis du grevé, malgré la nullité dont elle était frappée, le retour qui s'opère au profit de ce légataire, lors du décès du grevé, donne ouverture à un droit de mutation indépendant de celui qui a été payé au nom du grevé lors de l'ouverture de la succession du testateur.

Ainsi jugé par la Cour de cassation le 5 mars 1866. (S. 1866. 1. 122; Art. 2259, *Rép. pér.* de M. Garnier; Art. 13030, *Contrôleur de l'Enregistrement*.

Le principe sur lequel repose cette décision avait déjà été consacré par un autre arrêt de la même Cour le 11 décembre 1860, portant que les héritiers ne peuvent, après avoir, pendant la vie du légataire, respecté et exécuté la disposition faite à son profit, exciper plus tard, de sa nullité, pour se soustraire au payement des droits de mutation qui sont la conséquence de cet acte. (S. 1861. 1. 185. — P. 1861. 361 ; Art. 1455, *Rép. pér.* de M. Garnier.)

70. Usufruitier. — Nu-propriétaire. — Remboursement des droits de mutation. (*Manuel*, n° 776, 2e édit.) — Le légataire en usufruit qui a payé les droits de mutation dus à raison de la nue propriété peut en exiger le remboursement immédiat aux héritiers nus-propriétaires, soit bénéficiaires, soit purs et simples; il n'est pas tenu d'attendre pour cela la fin de son usufruit : le droit de mutation par décès n'est ni une dette de la succession, ni une décharge de la propriété dans le sens des art. 609 et 612 C. Nap. : c'est une contribution indirecte à laquelle les héritiers sont assujettis personnellement.

C'est ce qu'a décidé la Cour de cassation le 3 avril 1866. (S. 1866. 1. 223. P. 1866. 562 ; Art. 2253, *Rép. pér.* de M. Garnier.)

Déjà la Cour de cassation avait rendu une décision analogue le 9 juin 1813. (V. *Manuel*, n° 776.)

L'arrêt du 3 avril 1866 est ainsi conçu :

La Cour; — Vu les art. 609 et 612 C. Nap., et les art. 4 et 32 de la loi du 22 frim. an 7; — Attendu que Cosson est décédé en laissant sa veuve légataire en usufruit de l'universalité de ses biens; que, comme habiles à recueillir le surplus de son hérédité, c'est-à-dire la nue propriété, il a laissé des frères et sœurs dont deux seulement, les défendeurs à la cassation, n'ont pas renoncé à la succession et l'ont acceptée sous bénéfice d'inventaire; — Qu'en vertu de l'art. 32 de la loi du 22 frim. an 7, la veuve Cosson a été contrainte à payer l'intégralité des droits de mutation, non-seulement à raison de son usufruit, mais aussi pour la portion des droits afférents à la nue propriété, portion dont elle réclame des héritiers nus-propriétaires le remboursement; — Attendu que le droit dû pour mutation de propriété par décès n'est pas une dette de la succession, puisqu'il ne pouvait pas être dû par le défunt; qu'il n'est pas une charge imposée sur la propriété dans le sens de l'art. 609, C. Nap.; que c'est une contribution indirecte à laquelle les héritiers sont assujettis personnellement; qu'elle ne doit être supportée que par eux, puisqu'elle n'a pour cause que la transmission de nue propriété faite en leur faveur, et qu'elle ne peut grever l'usufruit attribué à un tiers; — Attendu qu'aucune distinction n'est à faire, à cet égard, entre l'héritier pur et simple et celui qui n'a accepté la qualité d'héritier que sous bénéfice d'inventaire; et que le droit de mutation est la dette personnelle de l'un comme l'autre; — Attendu que le jugement attaqué a méconnu le caractère personnel de la dette des héritiers en décidant que la veuve Cosson ne pourrait exercer contre eux son action en répétition qu'autant qu'elle justifierait que les valeurs réalisées dans la succession dont elle avait l'entier usufruit n'auraient pas suffi pour acquitter les droits de mutation, et en subordonnant aux résultats des comptes de cette succession, comptes que la veuve Cosson est tenue de rendre en sa qualité d'administratrice, la recevabilité de l'action destinée à fixer, sur le point en litige, la situation respective des parties; — En quoi il a méconnu le caractère purement personnel de l'obligation imposée aux héritiers à raison de la mutation de nue propriété opérée à leur profit, et a violé les lois précitées; — Casse le jugement du tribunal d'Épernay du 21 août 1863, etc.

71. Usufruit. — Bois. — Minières. — Pour le règlement du droit de mutation par décès à percevoir sur l'usufruit d'un bois contenant des minières qui, au jour du décès, se trouvent en cours d'exploitation, il y a lieu de tenir compte du produit de ces minières aussi bien que du revenu forestier.

Toutefois, les experts chargées de la fixation dudit revenu doivent prendre pour base de leur calcul la durée probable de l'exploitation, et avoir égard à cette circonstance que, tous les ans, le capital représentant les minières s'éteint et s'amortit.

Ainsi décidé par le tribunal de Briey le 14 avril 1864. (Art. 2005 et 2087 *Rép. pér.* de M. Garnier.)

Les parties ont déféré ce jugement à la Cour de cassation. Leur pourvoi ayant été admis à la chambre des requêtes le 15 juin 1865, la question n'a pas encore été discutée contradictoirement devant la chambre civile. (V. *Rép. gén.* de M. Garnier, n° 13212.)

Attendu qu'aux termes de l'art. 15 de la loi du 22 frim. an 7, la valeur de la propriété de l'usufruit et de la jouissance est déterminée pour la liquidation et le payement du droit proportionnel ainsi qu'il suit, savoir : «... n° 7 pour les transmissions de propriété entre-vifs, à titre gratuit, et celles qui s'effectuent par décès, par l'évaluation qui est faite et portée à vingt fois le produit des biens ou le prix des baux courants sans distraction des charges » ;

Attendu que les art. 17, 18 et 19 de la même loi accordent à la Régie le droit de requérir l'expertise des revenus des immeubles lorsque l'insuffisance dans l'évaluation ne peut être établie par actes qui puissent faire connaître le véritable revenu des biens ; — Attendu que l'expertise réclamée par la Régie de l'enregistrement pour insuffisance d'évaluation du revenu du quart des forêts de Butte et de Bockoltz n'est point contestée par les héritiers de Lambertye, mais qu'ils prétendent que les experts convenus ou nommés d'office ne devront pas considérer comme un revenu devant être multiplié par 20 les produits annuels du minerai exploité dans les forêts dont il s'agit ;

Attendu que la loi est claire et précise ; elle veut que l'impôt de mutation par décès frappe la valeur de l'immeuble transmis, valeur qui est déterminée par vingt fois le produit annuel moyen ; — Attendu qu'encore bien que le législateur de 1810 n'établisse pas pour les minières de minerai d'alluvion, comme pour les mines, deux propriétés distinctes, celle de la surface et celle de la mine qui peut être concédée à un autre qu'à celui de le surface, il est incontestable que le minerai d'alluvion renfermé en grande quantité dans les entrailles de la terre, comme à Butte et à Bockoltz, constitue une propriété particulière *sui generis,* dintincte et indépendante de la surface et dès lors il est rationnel que les produits de ces deux sortes de propriétés soient réunis pour établir la valeur de l'objet soumis à l'impôt ; — Attendu qu'il suit de là que la prétention des demandeurs n'est pas fondée;

Attendu, toutefois, que les minières dont il s'agit, n'étant point inépuisables, pour trouver et fixer le véritable revenu il y aura lieu, de la part des experts, de prendre pour base de leur calcul la durée probable de l'exploitation, et d'avoir égard à cette circonstance que tous les ans le capital réprésentant les minières s'éteint et s'amortit ; — Par ces motifs, etc. — Dalloz, P. 1864. 3. 31. *Jour. P., Bull. d'enregistrement*, art. 889. — V. MM. Garnier, *Rép. gén. de l'enreg.*, v[is] *Mines, Minières*, etc., n°s 58542 et suiv., et *Succession*, n° 12963 ; Ed. Clerc, *Tr. de l'enreg.*, n° 2963, et *Rép. gén. Pal.* et *supp.*, v° *Enregistrement*, n° 425.

72. — Usufruit. — Somme d'argent. — Restitution. — Dette. (*Manuel.*, n° 629, 2e édit., et n° 140, 1re édit.) — L'époux survivant qui, lors de la liquidation de communauté, retient, en qualité de légataire en usufruit de son conjoint, la somme d'argent formant le montant des reprises et de la part de communauté de ce dernier, doit être considéré comme détenant à titre d'usufruit seulement cette somme dont la nue propriété appartient aux héritiers de l'époux prédécédé : il n'en est pas réputé plein propriétaire avec simple obligation de restitution d'une somme égale, à la cessation de l'usufruit.

Par suite, la somme ainsi retenue ne fait pas partie de la succession de l'époux usufruitier, et il y a lieu d'en défalquer le montant des valeurs déclarées à la Régie pour la perception du droit de mutation dû sur cette succession.

Ainsi décidé par la Cour de cassation le 28 février 1865,

(Dalloz, P. 1865. 1. 133. S. 1865. 1. 229. — P. 1865. 544. *Juris. not.* Art. 12797.)

Dans l'évaluation du droit de mutation par décès, les sommes d'argent dont le défunt n'avait que l'usufruit ne sont pas réputées faire partie de sa succession ; dès lors les deniers à restituer ou à délivrer au nu-propriétaire par suite de l'extinction de l'usufruit, doivent être distraits de cette succession, quoiqu'ils ne soient pas identiquement les mêmes que ceux sur lesquels portait l'usufruit.

C'est ce principe que la Cour de cassation a appliqué par l'arrêt précité du 28 février 1865 à l'époux survivant qui appréhende, en qualité d'usufruitier, des sommes placées au lot des héritiers du conjoint prédécédé, pour les remplir des reprises de celui-ci et de sa part de communauté. Ces sommes ne sont entrées et restées dans le patrimoine de l'époux usufruitier qu'à titre d'usufruit, et bénéficient, par conséquent, de la jurisprudence établie par la Cour de cassation, notamment par trois arrêts des 6 décembre 1858, 22 août 1859 et 25 juin 1862. La nue propriété, ayant été dévolue à l'héritier ou au légataire à partir du décès du testateur, ne fait point partie des biens composant la succession de l'usufruitier ; la délivrance opérée, lors de l'extinction de la jouissance, au profit du nu-propriétaire, n'est autre chose que la réalisation d'un droit acquis à ce dernier, et ne peut constituer le payement d'une de ces charges dont les art. 14, n° 8, et 15, n° 7, de la loi du 22 frim. an 7 prohibent la distraction sur l'actif de l'hérédité. (V. les observations qui accompagnent l'arrêt du 28 février 1865 : S. 1865. 1. 229, et Dalloz, P. 1865. 1. 133.) — V. *suprà*, n° 40.

73. Charges. — Capital détenu par le défunt à titre d'usufruit. — Distraction. — Lorsque le mari survivant a conservé, en qualité de donataire en usufruit de sa femme, la somme à laquelle les reprises de cette dernière ont été fixées par un acte de liquidation, cette somme doit être distraite, lors de la déclaration du mari, des valeurs actives de l'hérédité pour la liquidation des droits de mutation.

Ainsi décidé par le tribunal de Bourg le 3 avril 1865.

Cette décision est conforme à un arrêt de la Cour de cassation du 28 février 1865, rendu dans des circonstances semblables. Le principe suivant lequel toute somme qu'une personne décédée détenait à titre d'usufruit doit être déduite des valeurs actives de sa succession pour la perception des droits de mutation ouverts par son décès est maintenant incontestable. Non-seulement, en effet, il a été consacré expressément par l'arrêt susénoncé du 28 février 1865, mais, en outre, il résulte formellement de la doctrine d'autres arrêts des 6 décembre 1858, 16-22 août 1859, 25 juin et 30 juillet 1862, d'après lesquels, lorsque des sommes données ou léguées ont été stipulées payables au décès du donateur ou du légataire universel institué par le testateur, ces sommes ne peuvent être assimilées à de simples charges et doivent être déduites des valeurs composant la succession du donateur ou du légataire universel pour la liquidation des droits dus par des héritiers. Les arrêts des 6 décembre 1858, 22 août 1859 et 25 juin 1862 ont décidé spécialement que les sommes données ou léguées sous réserve d'usufruit doivent être distraites des biens composant la succession du donataire ou légataire qui n'en avait que l'usufruit, pour la perception des droits ouverts par son décès.

74. Veuve usufruitière des biens de son mari. — Acquisition d'un immeuble dépendant de la succession. — Abandon d'une partie du prix en payement de ses droits en usufruit. — Distraction. — Lorsqu'une veuve usufruitière des biens de son mari a acquis un immeuble dépendant de la succession de celui-ci et qu'une partie du prix lui a été abandonnée pour la remplir de ses droits en usufruit, ses héritiers sont, après son décès, fondés à déduire des valeurs à déclarer de sa succession le montant de la somme abandonnée, qu'elle ne possédait que comme usufruitière et non à titre de débitrice.

Ainsi décidé par le tribunal de la Seine le 17 juin 1865. (S. 1865. 2 243. — P. 1865. 959.)

75. Usufruit d'une rente sur l'État. — Echange. — Reprises. — Nouveau droit. — Lorsque les droits de mutation par décès ont été payés sur toutes les valeurs d'une succession, l'acte ultérieur par lequel la veuve du défunt reçoit l'usufruit d'une rente sur l'État en échange d'une somme lui revenant pour ses reprises, ne donne lieu ni à un supplément de droit de mutation par décès, ni à aucun autre droit proportionnel d'enregistrement.

Ainsi décidé par le tribunal civil de la Seine le 25 juillet 1863 :

... Attendu que cet acte (l'acte ultérieur à la déclaration), qui ne modifie en rien la somme des avantages recueillis par les parties dans la succession de Lainé et énoncés dans la déclaration de succession, n'est pas de nature à modifier l'impôt de mutation ; — Qu'il aurait pu, il est vrai, donner lieu à un droit d'échange s'il s'était agi d'une tout autre valeur ; mais que les cessions ou échanges de rentes sur l'État sont dispensés de tout droit d'enregistrement ; —Attendu qu'il suit de là qu'il ne pouvait être rien perçu, ni à titre de supplément de droit de mutation sur la succession de Pierre-Joseph Lainé, ni à un titre quelconque sur l'acte du 5 septembre 1861. (*J. Pal., Bulletin d'enregistrement*, art. 894. — V. en ce sens, solution 2 octobre 1830 (*Journ. de l'enregistrement*, art. 9900). — V. toutefois, Cass. 31 décembre 1834 ; Trib. de la Seine, 9 juin 1841 (*Journ. de l'enreg.*, art. 12812) ; — Instr. gén. 1388, § 8. — V. aussi MM. Garnier, *Rép. pér. de l'enreg.*, vº *Rente*, nº 10812, — 3º et 6º ; Ed. Clerc., *Tr. de l'enreg.*, t. 1, nº 110[illegible].

TABLE CHRONOLOGIQUE.

AN XIII.

Niv. 8. Cass., p. 54.

1806.

Avril 10. Rouen, p. 14.
Avril 22. Déc. min. fin., p. 37.
Août 12. Déc. min. fin., p. 19.

1808.

Mars 30. Cass., p. 10.
Avril 12. Déc. min. fin., p. 47.
Juin 29. Instr. Régie, p. 47.
Sept. 8. Cass., p. 40.

1809.

Oct. 30. Cass., p. 12.

1811.

Sept. 23. Cass., p. 40.

1812.

Févr. 4. Cass., p. 39.
Mars 17. Cass., p. 40.
Avril 22. Instr. Régie, p. 40.
Déc. 22. Décret, p. 14.

1813.

Mai 24. Cass., p. 40.
Juin 9. Cass., p. 54.

1814.

Mars 14. Cass., p. 12.
Août 26. Solut., p. 29.

1819.

Nov. 9. Cass., p. 43.

1821.

Avril 30. Cass., p. 42.
Nov. 5. Cass., p. 42.

1823.

Avril 2. Cass., p. 43.
Juill. 2. Cass., p. 41.

1824.

Juin 16. Cass., p. 41.

1828.

Sept. 23. Déc. min. fin., p. 54.
Oct. 3. Déc. min. fin., p. 8.
Nov. 26. Com. fin., p. 54.

1829.

Mars 11. Déc. min. fin., p. 13.

1830.

Févr. 1er. Cass., p. 12.
Oct. 2. Solut., p. 60.
Déc. 9. Délib. Rég., p. 50.

1831.

Oct. 11. Délib. Rég., p. 37.
Oct. 21. Délib. Rég., p. 54.
Déc. 26. Cass., p. 8.

1832.

Mars 8. Châteauneuf, p. 19

1833.

Avril 24. Cass., p. 12.
Juill. 16. Cass., p. 41.
Déc. 10. Valence, p. 13.

1834.

Avril 24. Paris, p. 14.
Dec. 31. Cass., p. 60.

1835.

Avril 7. Cass., p. 12.
Avril 10 Solut., p. 13.
Juin 9. Délib. Rég., p. 14.
Nov. 18. Cass., p. 32.

1836.

Juill. 12. Cass., p. 12.
Août 8. Cass., p. 41.

1837.

Août 27. Cass., p. 12.

1838.

Mai 17. Seine, p. 12.

1840.

Juin 6. Cass., p. 14.
Juill. 15. Cass., p. 26.

1841.

Juin 9. Seine, p. 60.

1842.

Mars 9. Cass., p. 30.

1843.

Mai 2. Cass., p. 26.

1844

Juill. 26. Cass., p. 50.

1846.

Mars 11. Cass., p. 54.
Mars 24. Cass., p. 19.

1849.

Janv. 9. Aurillac, p. 12.
Avril 12. Seine, p. 19.
Mai 2. Seine, p. 46.
Mai 2. Cass., p. 12.
Juill. 6. Cass., p. 14.
Nov. 26. Cass., p. 30.
Déc. 22. Cambrai, p. 19.

1850.

Janv. 10. Seine, p. 12.
Janv. 29. Cass., p. 49.
Juill. 3. Seine, p. 21.
Déc. 25. Le Mans, p. 53.

1851.

Févr. 17. Belfort, p. 12.
Mars. 11. Cass., p. 41.
Mai 29. Cass., Belge, p. 54.
Août 5. Blois, p. 32.

1852.

Mars 25 Seine, p. 22.
Déc. 9 Seine, p. 12.
Déc. 18. Blois, p. 32.

1853.

Janv. 17. Cass., p. 27.
Nov. 29. Saint-Pons, p. 26.

1854.

Janv. 17. Cass., p. 27.
Janv. 31. Cass., p. 36.
Févr. 27. Tulle, p. 12.
Mai 10. Cass., p. 49.
Déc. 27. Seine, p. 12.

1855.

Mars 7. Cass., p. 32.
Mars 27. Cass., p. 36.
Mars 28. Seine, p. 36.
Mars 30. Lyon, p. 12.
Nov. 15. Mauriac, p. 43.

1856.

Mars 5. Seine, p. 22.
Juin 23. Déc. min. fin., p. 14.
Déc. 27. Castel-Sarrasin, p. 32.

1857.

Janv. 3. Seine, p. 36.
Févr. 13 Seine, p. 12.
Juin 23. Cass., p. 6.
Juin 24. Cass., p. 6.
Août 12. Cass., p. 13.
Août 19. Cass., p. 49.

1858.

Janv. 16. Cass., p. 44.
Janv. 20. Cass., p. 37.
Mai 8. Seine, p. 23.
Août 14. Seine, p. 27.
Déc. 6. Cass., p. 32.

1859.

Janv. 22. Pau, p. 42.
Avril 4. Bourganeuf, p. 29.
Août 16. Cass., p. 33.
Août 22. Cass., p. 32.

1860.

Févr. 11. Seine, p. 47.
Févr. 29. Cass., p. 17.
Mars 15. Cass., p. 46.
Mai 10. Aubusson, p. 14.
Juin 9. Orléans, p. 6.
Juin 13. Rennes, p. 37.
Août 31. Castel-Sarrasin. p. 46.
Déc. 11. Cass., p. 54.
Déc. 22. Seine, p. 27.

1861.

Févr. 16. Seine, p. 33.
Avril 24. Cass., p. 19.
Juin 21. Cass., p. 23.
Août 7. Etampes, p. 21.
Nov. 23. Seine, p. 12.

1862.

Févr. 1er. Seine, p. 39.
Mars 15. Seine, p. 13.
Mars 19. Cass., p. 17.
Avril 12. Déc. min. fin., p. 14.
Mai 12. Cass., p. 27.
Mai 21. Bayonne, p. 13.
Juin 25. Cass., p. 32.
Nov. 15. Instr. gén. Rég. p. 33.
Déc. 2. Cass., p. 6.
Déc. 23. Cass., p. 49.

1863.

Févr. 3. Belfort, p. 38.
Mars 13. Vitry-le-François, p. 33.
Avril 11. Moissac, p. 18.
Avril 15. Bar-le-Duc, p. 18.
Avril 15. Vitry-le-François, p. 47.
Mai 20. Châtillon-sur-Seine, p. 25.
Juin 13. Seine, p. 22.
Juill. 7. Cass., p. 12.
Juill. 25. Seine, p. 59.
Août 11. Moissac, p. 18.
Août 17. Cass., p. 46.
Août 18. Yvetot, p. 47.
Août 26. Rennes, p. 47.
Déc. 23. Rambouillet, p. 27.
Déc. 23. Déc. min. fin., p. 8.

1864.

Janv. 12. Cognac, p. 18.
Févr. 13. Seine, p. 15.
Févr. 24. Bourges, p. 6.
Mars 12. Seine, p. 27.
Mars 12. Château-Thierry, p. 47.
Avril 14. Briey, p. 57.
Mai 13. Dinan, p. 33.
Juin 22. Rouen, p. 23.
Juill. 6. Bourgoin, p. 6.
Août 19. Seine, p. 12.
Août 25. Beaune, p. 44.
Nov. 25. Domfront, p. 34.
Déc. 9. Mirecourt, p. 17.
Déc. 28. Rouen, p. 26.

1865.

Janv. 4. Cass., p. 40.
Févr. 22. Instr. gén. Régie, p. 9.
Févr. 24. Seine, p. 16.
Févr. 28. Cass., p. 57.
Mars 21. Die, p. 6.
Mars 21. Lyon, p. 30.
Mars 27. Colmar, p. 10.
Avril 3. Bourg, p. 58.
Mai 5. Seine, p. 50.
Mai 26. Melun, p. 11.
Juin 14. Cass., p. 56.
Juin 17. Seine, p. 59.

Paris. — E. Donnaud, imp. de la Cour imp. et des trib., rue Cassette,

www.ingramcontent.com/pod-product-compliance
Ingram Content Group UK Ltd.
Pitfield, Milton Keynes, MK11 3LW, UK
UKHW021122260726
13994UKWH00002B/968